ORAÇÕES
SELECIONADAS DE SANTO AFONSO MARIA DE LIGÓRIO

EDITORA
SANTUÁRIO

Organização: Pe. Flávio Cavalca de Castro, C.Ss.R.

ISBN 978-65-5527-207-9

ISBN 978-65-5527-248-2 (e-book)

3ª impressão

Rua Pe. Claro Monteiro, 342 – 12570-045 – Aparecida-SP
Tel.: 12 3104-2000 – Televendas: 0800 0 16 00 04
www.editorasantuario.com.br
vendas@editorasantuario.com.br

INTRODUÇÃO

Santo Afonso (1696-1787), mestre do agir cristão e mestre de oração. Pelo contato pessoal, pela pregação e pelos livros ensinou o caminho não apenas da salvação, mas da santidade para todos. Seus textos partem da Escritura, da longa tradição da espiritualidade cristã e de uma sólida teologia. Sua exposição não é fria nem abstrata: é exposição de alguém comprometido com o que diz, e quer levar seu leitor a se comprometer também. Em suas páginas, mais que uma exposição doutrinal, encontramos intensa meditação, que se orienta para a vida segundo o evangelho e para o encontro com Deus numa oração que é diálogo de fé, amigo, caloroso, insistente e apaixonado.

Seu livro mais conhecido sobre a oração, de 1759, é "A Oração, o grande meio para alcançar de Deus a salvação e todas as graças que desejamos". Não trata apenas da oração vocal, mas também ensina e encarece a oração mental ou interior. E o faz com tanta insistência que ele e seus missionários são até acusados de desprestigiar a oração vocal. Uma pequena obra anterior, de 1753, é também importante para compreender o modo de pensar de Santo Afonso. Inspirado por um autor francês, ele escreveu "Maneira de conversar contínua e familiarmente com Deus". São apensas dezesseis páginas, mas ajudam-nos a apreciar seu modo de orar em tantas orações que geralmente encerram cada ponto de suas reflexões espirituais.

Como já se lembrou, seu texto não é uma exposição fria, mas antes uma reflexão, ou melhor, uma contemplação do evangelho e da espiritualidade cristã tradicional. E termina quase sempre em um momento de intensa oração, em que as atitudes teológicas de fé, esperança e caridade, inflamam-se numa atitude em que se fundem afetos, decisões, súplicas e anseios. Se por entre a trama de sua exposição doutrinal transparecem afeto, aceitação e compromisso, seus momentos de oração refletem sólida e segura doutrina espiritual. Seu estilo, o ritmo de suas frases, muitas vezes a escolha de palavras deixam transparecer, talvez por descuido, sua alma de poeta.

Ao publicar esta seleção de suas orações, os Missionários Redentoristas querem prestar homenagem a seu santo fundador, e repartir com todos um pouco do tesouro que nos deixou.

Fl.Castro cssr

SIGLAS DAS OBRAS DE SANTO AFONSO INDICADAS AO FINAL DAS ORAÇÕES

AC – Aceitação da morte, OPERE ASCETICHE, vol. IX, p. 441-453, Edizioni di Storia e Letteratura, Roma 1965. Tradução do Pe. Flávio Cavalca de Castro, C.Ss.R.

BT – Breve tratado sobre a necessidade da oração. Tradução do Pe. Flávio Cavalca de Castro, C.Ss.R. – http://www.intratext.com/ixt/itasa0000/_P97. HTM

CJ – Novena do Coração de Jesus, OPERE ASCETICHE, vol. IV, p. 499–524, CSSR, Roma 1939. Tradução do Pe. Flávio Cavalca de Castro, C.Ss.R.

ES – *Uma estrada de salvação*. Tradução do Pe. Afonso Paschote, C.Ss.R.

GM – *Glórias de Maria*. Tradução do Pe. Geraldo Pires de Souza, C.Ss.R.

NE – Novena do Espírito Santo, OPERE ASCETICHE, vol. I, Pratica di amar Jesù Cristo e Opuscoli sull'amore divino, Roma Sant'Alfonso – Via Merulana 31, 1933, p. 247-265. Tradução do Pe. Flávio Cavalca de Castro, C.Ss.R.

NN – *Novena de Natal*. Tradução do Pe. Oscar das Chagas Azeredo, C.Ss.R.

OM – Orações à Divina Mãe para cada dia da semana, OPERE ASCETICHE, vol. VII, 477-486, CSSR, Roma 1937. Tradução do Pe. Flávio Cavalca de Castro, C.Ss.R.

OE – *Obras Espirituais Selecionadas*.

PA – *Prática do amor a Jesus Cristo*. Tradução do Pe. Gervásio Fabri dos Anjos, C.Ss.R.

PX – *A Paixão de Nosso Senhor Jesus Cristo* – Piedosas e edificantes meditações sobre os sofrimentos de Jesus. Tradução do Pe. José Lopes Ferreira, C.Ss.R.

VC – Via Sacra, OPERE ASCETICHE, vol. V, p. 437-442, CSSR, Roma 1934. Tradução do Pe. Flávio Cavalca de Castro, C.Ss.R.

VS – *Visitas a Jesus Sacramentado e a Nossa Senhora*. Tradução do Pe. Francisco Braz Alves, C.Ss.R.

1 ORAÇÕES DE TODO DIA

Oração da manhã

De manhã, ao levantar-se, depois do Sinal da Cruz, faça estes atos de adoração, de amor, de agradecimento e de súplica:

– Meu Deus, eu vos adoro, eu vos amo de todo o coração, e agradeço todos os benefícios que me fizestes, especialmente por terdes me conservado esta noite.

– Eu vos ofereço tudo que fizer e padecer neste dia, unindo-me às ações e aos sofrimentos de Jesus e de Maria, com a intenção de receber todas as indulgências que puder.

– Quero, Senhor, fugir de todo pecado, principalmente de ... *(é bom fazer um propósito particular sobre esse defeito, em que se cai mais vezes).*

– Proponho, nas adversidades, conformar-me a vossa divina vontade.

– Meu Jesus, guardai-me com vossas mãos; Maria Santíssima, guardai-me sob vosso manto. E vós, Eterno Pai, ajudai-me por amor de Jesus e de Maria. Meu Anjo da Guarda, meus Santos padroeiros, ficai a meu lado.

– Pai-nosso, Ave-Maria, Creio em Deus Pai. (BT)

Oração durante o dia

Ao começar um trabalho, ou estudo, ou outra ocupação, diga:
– Senhor, eu vos ofereço o que vou fazer.

Às refeições:
– Meu Deus, tudo seja para vossa glória. Abençoai-me para que não cometa alguma falta.
– Senhor, eu vos agradeço, por terdes favorecido alguém que vos ofende.
Ao soar das horas:
– Meu Jesus, eu vos amo; não permitais que me separe de vós.
Em algum contratempo:

– Senhor, assim o quiseste, assim também eu quero.

Em caso de alguma tentação, repita os nomes de Jesus e de Maria. Se cometer algum defeito:
– Meu Deus, eu me arrependo de haver ofendido a vós, bondade infinita. Não o quero fazer de novo. (BT)

Oração da noite

À noite, antes de deitar-se, agradeça a Deus todos os favores recebidos; faça um exame de consciência, um ato de arrependimento. Depois renove sua fé, sua esperança, seu amor e seu arrependimento. (BT)

2 MODO PRÁTICO DE FAZER ORAÇÃO MENTAL

Para se preparar, ore:

– Meus Deus, creio que aqui estais presente. Eu vos adoro de todo o coração.

– Pelos meus pecados deveria estar no inferno. Arrependo-me de vos haver ofendido; perdoai-me.

– Eterno Pai, por amor de Jesus e de Maria, iluminai-me.

– Recomende-se também a Maria Santíssima com uma Ave-Maria, a São José, ao Anjo da Guarda, e a seu Santo Padroeiro.

– Leia a Meditação, demorando mais tempo nas passagens que mais correspondem a suas necessidades.

– Depois humilhe-se diante de Deus, sobretudo arrependa-se, agradeça, fale de seu amor a ele. E una-se a sua vontade dizendo: Fazei de mim o que vos agradar, fazei-me conhecer o que quereis de mim, pois o quero fazer.

– Fique ainda bastante tempo orando, pedindo a Deus perseverança, seu amor, luzes e força para fazer sempre sua divina vontade, e a graça de rezar sempre.

– Antes de terminar a oração, faca o proposito especial de evitar seu defeito mais frequente. Reze ainda um Pai-nosso e uma Ave-Maria. Peça sempre pelos pecadores e pelas almas do purgatório. (BT)

3 PAI ETERNO

Deus que nos ama

Ah, meu Deus, vejo-me circundado de todas as partes pelas finezas de vosso amor. Eu também vos amo e se eu vos amo sei que também vós me amais. E quem poderá privar-me de vosso amor? Só o pecado. Mas deste monstro do inferno, vós, pela vossa misericórdia, me haveis de livrar. Prefiro todos os males, a morte mais cruel, mesmo a destruição de meu ser, a ofender-vos com um pecado mor- tal. Vós, porém, já conheceis minhas quedas passadas, conheceis minha fraqueza, ajudai-me, meu Deus, pelo amor de Jesus Cristo. "Não desprezeis a obra de vossas mãos" (Sl 137,8). Sou a obra de vossas mãos, vós me criastes; não me desprezeis. Se por minhas culpas mereço ser abandonado, mereço não menos que tenhais misericórdia de mim por amor de Jesus Cristo, que vos sacrificou sua vida por minha salvação. Eu vos ofereço os seus merecimentos, que são todos meus, e por eles eu vos peço e espero de vós a santa perseverança com uma boa morte e, entretanto, a graça de viver o resto de minha vida todo consagrado à vossa glória. Basta quanto vos ofendi: eu me arrependo de todo o coração e quero amar-vos quanto posso. Não quero mais resistir ao vosso amor: entrego-me inteiramente a vós. Dai-me a vossa graça e o vosso amor e fazei de mim o que quiserdes. Meu Deus, eu vos amo e quero e peço-vos sempre o vosso amor: Atendei-me pelos merecimentos de Jesus Cristo. Maria, minha Mãe, rogai a Deus por mim. Amém. (PX)

Senhor, sede tudo para mim

Meu Deus e todo o meu bem, sede vós o objeto dominante de minha alma; e assim como eu vos prefiro no amor a todas as coisas, assim fazei que em todas as coisas eu prefira vossa vontade a todo o meu prazer. Meu Jesus, espero, por vosso sangue, na vida que me resta, não amar ninguém a não ser vós, para um dia vos possuir eternamente no reino dos bem-aventurados. Virgem Santíssima, socorrei-me com vossas poderosas súplicas e levai-me a beijar vossos pés no paraíso. (ES)

Deus que mais me ama

Meu verdadeiro e perfeito amante, onde encontrarei quem me tenha amado como vós? No passado eu perdi tempo procurando saber coisas que nada me ajudaram à alma e pouco pensei em saber amar-vos. Vejo perdida minha vida. Sinto que me chamais a vosso amor: eis-me aqui, tudo deixo: de hoje em diante meu único pensamento é dar-vos prazer, meu sumo bem. Dou-me inteiramente a vós, aceitai-me, ajudai-me para que seja fiel. Não quero pertencer-me mais a mim mesmo, mas a vós, somente a vós! (ES)

Senhor, minha vida para vos amar

Ah! meu Deus! Dai-me luz, dai-me força para gastar a vida que me resta em vos servir e em vos amar! Se devesse morrer agora, não partiria contente. Morreria inquieto. Então o que espero? Que me colha a morte com grande perigo de minha salvação eterna? Senhor, se fui louco no passado, não o quero ser mais. Agora me dou inteiramente a vós. Aceitai-me. Socorrei-me com vossa graça! (ES)

Preguiça de orar

Perdoai-me, meu Deus, minha preguiça. Quantos tesouros de graças perdi por ter deixado tantas vezes a oração! Dai-me força para ser fiel no diálogo convosco, aqui na terra. Espero falar convosco para sempre, no céu. Não desejo que me presenteeis com vossas consolações. Não as mereço. Basta-me que me deixeis ficar a vossos pés para vos recomendar minha pobre alma, que se acha tão pobre, porque distante de vós. Ai, meu Jesus Crucificado, só a lembrança de vossa paixão me despojará da terra e me unirá a vós. Santa Virgem Maria, ajudai-me com vossa oração. (ES)

Piedade de mim, Senhor

Ó eterno Deus, eu sei que sou pobre de tudo. Nada posso e nada tenho que não tenha vindo de vossas mãos. Digo-vos apenas isto: Senhor, tende piedade de mim! O pior é que, a minha pobreza, acrescentei o demérito de não corresponder a vossas graças, com as ofensas que vos fiz. Mas, apesar de tudo, espero de vossa bondade esta dupla misericórdia: que me perdoeis meus pecados e depois que me deis a santa perseverança com vosso amor e a graça de sempre vos pedir auxílio até à morte.

Tudo peço e espero pelos méritos de Jesus, vosso Filho e da Virgem Maria. Minha grande advogada, socorrei-me por vossas preces. (ES)

Eu vos amo, quero o que quereis

Ó Deus de minha alma, recebei o sacrifício de toda a minha vontade e de toda a minha liberdade. Sei que mereceria que me voltásseis as costas e rejeitásseis esta minha oferta, porque muitas vezes vos fui infiel. Sinto, porém, que de novo me pedis para vos amar de todo o meu coração. Por isso estou certo que vós me aceitareis. Eu me resigno inteiramente a vossa vontade: fazei-me saber o que quereis de mim que quero cumpri-lo integralmente. Fazei que eu vos ame e disponde de mim e de todas as minhas coisas como vos aprouver. Estou em vossas mãos: fazei o que sabeis ser o melhor para minha salvação. Eu declaro que só a vós quero e nada mais. (ES)

Rompei meu laços, Senhor

Meu Deus, ajudai-me a desvencilhar-me de todos os laços que me ligam ao mundo. Fazei que não pense senão em vos agradar. Felizes aqueles aos quais só Deus basta! Senhor, dai-me a graça de não procurar nada fora de vós e nada desejar senão vos amar e agradar. Renuncio por amor a vós a todos os prazeres deste mundo e também às consolações espirituais. Nada desejo senão fazer vossa vontade e agradar-vos. (ES)

Meu Deus e meu tudo

Meu Deus, meu tudo, eu vos prefiro a todas as riquezas, às honras, às ciências, às glórias, às esperanças e a todos os dons que vós podeis me dar. Vós sois todo o meu bem. Só a vós quero e nada mais. Só vós sois a beleza e o bem, o infinito amável. Sois, enfim, o único bem. Por isso todo dom que não é vós mesmo, não me serve. Digo e sempre direi: só vós e nada mais e o que é inferior a vós eu vos digo que não me serve. Oh! Quando me ocuparei somente em vos louvar, em vos amar e em vos agradar, sem que olhe mais às criaturas e nem mesmo a mim mesmo? Ah! Meu Senhor e meu amor, socorrei-me quando me virdes frio em vosso amor e em perigo de me afeiçoar às criaturas e aos prazeres terrenos. "Do alto estende a mão, salva-me e livra-me das imensas águas" (Sl 143,7). (ES)

Senhor, libertai-me do nada

Quando será, Senhor, que me verei livre de tantas angústias e não pensarei mais senão em vos louvar e amar-vos? Quando será que vós sereis tudo em todas as coisas, como escreve o apóstolo (cf. 1Cor 15,28)? Quando gozarei daquela paz estável, imune de toda aflição e perigo de perder-me? Quando, meu Deus, me verei absorto em vós, contemplando vossa beleza face a face, sem véu? Quando, enfim, meu Criador, chegarei a possuir-vos de forma que possa dizer-vos: meu Deus, não posso vos perder mais?

Senhor, enquanto me vedes exilado e atribulado nesta terra de inimigos, onde devo estar em contínuas guerras internas, socorrei-me com vossas graças e consolai-me nesta peregrinação tão difícil. Vejo agora que de tudo o que o mundo me apresenta nada pode me trazer paz e contentamento. Mas, se faltar vosso auxílio, temo que os prazeres terrenos e as inclinações más me arrastem para algum precipício.

Vendo-me exilado neste vale gostaria pelo menos de sempre pensar em vós, meu Deus, e gozar da alegria infinita que gozais; mas os maus apetites dos sentidos sempre gritam dentro de mim e me perturbam. Gostaria de manter meus afetos sempre ocupados em vos amar e agradecer. A carne, porém, me arrasta para me comprazer no deleite sensual. Assim, sou levado a exclamar com são Paulo: "Infeliz de mim! Quem me livrará deste corpo de morte?" (Rm 7,24). Ai de mim, que sempre devo combater não só com meus inimigos externos, mas comigo mesmo. Torno-me, assim, um peso e um incômodo para mim mesmo (Jó 7,24, Vulgata). (ES)

4 ESPÍRITO SANTO

O Espírito Santo é fogo que inflama

O Eterno Pai, não contente com nos ter dado seu Filho Jesus Cristo, para que nos salvasse com sua morte, quis dar-nos também o Espírito Santo, que habitasse em nossa alma, e a mantivesse continuamente ardendo de caridade.

Meu Deus, até agora nada fiz por vós que tantas grandes coisas fizestes por mim. Ai de mim, que minha frieza vos leva a me abandonar. Espírito Santo, "fazei arder o que é frio" (da sequência Vinde Espírito Santo). Livrai-me desta minha frieza e acendei em mim um grande desejo de vos agradar. Renuncio agora a todas as minhas satisfações e prefiro antes morrer que vos dar o menor desprazer. Vós vos manifestastes como línguas de fogo; agora vos consagro minha língua, de modo que não mais vos ofenda. Meu Deus, vós me destes esta língua para vos louvar, e com ela vos ultrajei, e até levei outros a vos ofender. Arrependo-me de todo o coração.

Por amor de Jesus Cristo, que em sua vida tanto vos honrou com sua língua, fazei que também eu, de agora em diante, vos honre sempre com vos louvar, a invocar muitas vezes vossa ajuda, a falar de vossa bondade e do amor infinito que mereceis. Eu vos amo, meu sumo bem, eu vos amo, Deus de amor. (NE)

O Espírito Santo é amor e luz que ilumina

O Espírito Santo, com seu divino esplendor, não só inflama os corações para o amor, mas também afasta as trevas e faz que reconheçamos a vaidade dos bens terrenos, o valor dos bens eternos, a importância da salvação, a grandeza da graça, a bondade de Deus, o amor infinito que ele merece e o amor imenso que tem por nós.

Santo Espírito, creio que sois Deus, mas um só Deus com o Pai e o Filho. Eu vos adoro e reconheço que sois o doador de todas as luzes com que me fizestes conhecer o mal que fiz ao vos ofender, e a obrigação que tenho de vos amar. Isso vos agradeço e imensamente me arrependo de vos ter ofendido. Merecia que me abandonásseis em minhas trevas, mas vejo que ainda não me abandonastes. Continuai, Espírito eterno, a me iluminar e a fazer-me conhecer sempre mais vossa infinita bondade. E dai-me força para vos amar no futuro com todo o meu coração. Acrescentai graça a graça, de modo que eu seja docemente vencido, e levado a não amar senão a vós. Eu vos peço pelos méritos de Jesus Cristo. (NE)

O Espírito Santo é água para a sede

"Quem beber da água que eu lhe darei nunca mais terá sede" (Jo 4,13). Essa água é o Espírito Santo, o amor substancial, que Jesus prometeu mandar-nos do céu após sua ascensão."

"Senhor, dá-me dessa água" (Jo 4,15). Meu Jesus, quero pedir-lhe como a samaritana, dá-me essa água de vosso amor, que me faça esquecer a terra e viver só para vós, infinitamente amável. "Regai a aridez." Minha alma é terra árida, que só produz cardos e espinhos de pecado. Irrigai-a com vossa graça, para produzir algum fruto para vossa glória, antes de sair deste mundo pela morte. Fonte de água viva, sumo bem, quantas vezes eu vos deixei pelas poças deste mundo, que me deixaram sem vosso amor! Tivesse morrido antes de vos ofender! Para o futuro nada quero procurar senão a vós, meu Deus. Socorrei-me e fazei que vos seja fiel. (NE)

O Espírito Santo é orvalho que fecunda

A santa Igreja nos faz orar assim: "Que a infusão do Espírito Santo purifique nosso coração e fecunde seu íntimo com a aspersão de seu orvalho". O amor fecunda os bons desejos, os santos propósitos e nossas santas obras.

Santo e divino Espírito, não mais quero viver para mim mesmo. Todos os dias que me restarem de vida quero gastá-los em vos amar e agradar. Peço por isso o dom da oração. Vinde ao meu coração e ensinai-me a orar como se deve. Dai-me força para não deixar a oração por tédio em tempos de aridez. Dai-me o espírito de oração, a graça de orar sempre e de fazer as súplicas mais do agrado de vosso Coração. Pelos meus pecados eu já estava perdido, mas, pelas tantas delicadezas que tivestes comigo, vejo que me quereis salvo e santo. Quero ser santo para vos dar gosto, e para mais amar vossa infinita bondade. Eu vos amo, sumo bem, meu amor, meu tudo; e porque vos amo entrego-me todo a vós. (NE)

O Espírito Santo é repouso e alívio

O amor é repouso que alivia; pois a ação principal do amor é unir a vontade de quem ama com a vontade de quem é amado.

Meu Deus, quantas vezes, para fazer minha vontade, eu resisti a vossa vontade ao desprezá-la! Mais que de tudo arrependo-me desse mal. Senhor, de agora em diante quero amar-vos com todo o meu coração. "Falai, Senhor, porque vosso servo escuta." Dizei o que quereis de mim, porque o quero fazer. Vossa vontade será sempre meu único desejo, meu único amor. Ajudai, Espírito Santo, minha fraqueza. Sois a própria bondade, como posso amar alguma coisa fora de vós? Conquistai todos os meus afetos com a doçura de vosso santo amor. Deixo tudo para me dar todo a vós. Aceitai-me, socorrei-me. (NE)

O Espírito Santo é força para nós

"Forte como a morte é o amor" (Ct 8,6). Como nenhuma força criada pode resistir à morte, assim também não há nenhuma dificuldade para quem ama, nada que não se renda ao amor.

Deus de minha alma, eu digo que vos amo. Mas, que faço por vosso amor? Nada. Sinal que não vos amo, ou vos amo muito pouco.

Enviai-me, pois, meu Jesus, o Espírito Santo, que venha dar-me força para sofrer por vosso amor e fazer alguma coisa por vós, antes que venha a morte. Não permitais, meu amado Redentor, que eu morra assim frio e ingrato, como tenho sido até agora. Dai-me força para amar o sofrimento, depois de tantos pecados que mereceram o inferno. Meu Deus, todo bondade e todo amor, quereis habitar em minha alma, de onde tantas vezes vos expulsei. Vinde, habitai em minha alma, dela tomai posse, fazei-a toda vossa. Eu vos amo, eu vos amo, meu Senhor, e se vos amo já estais comigo, como o garante S. João: "Quem permanece no amor permanece em Deus, e Deus nele" (1Jo 4,16). Uma vez que estais comigo, aumentai as chamas, aumentai as correntes, para que eu não deseje, não procure, não ame outros fora de vós. Que assim preso, jamais venha a separar-me de vosso amor. Quero ser vosso, meu Jesus, todo vosso. (NE)

O Espírito Santo faz Deus morar em nós

"Se me amais, guardareis meus mandamentos. Eu rogarei ao Pai, e ele vos dará um outro Paráclito para ficar sempre convosco" (Jo 14,15).

Meus Deus, vejo que me quereis todo para vós. Tantas vezes vos expulsei de minha alma, e não deixastes de voltar a vos unir a mim. Agora tomai posse completa da mim. Hoje me dou totalmente a vós; aceitai-me meu Jesus e não permitais que no futuro, nem por um momento, viva sem vosso amor. Vós me procurais, e eu nada procuro senão a vós. Vós me amais, e eu vos amo. E, porque me amais, prendei-me a vós, assim que de vós jamais me aparte. (NE)

O Espírito Santo é laço que prende

O Espírito Santo, o amor incriado, é o laço indissolúvel que une o Pai com o Verbo eterno, assim ele também une as almas com Deus.

Meu caro Jesus, muito me obrigastes a vos amar, muito vos custou procurar meu amor; muito ingrato seria eu se pouco vos amasse, ou repartisse meu amor entre vós e as criaturas, depois de terdes dado por mim sangue e vida. Quero desapegar-me de tudo, e só em vós colocar todos os meus afetos. Não tenho força, porém, para realizar esse desejo; vós que o inspirais, dai-me força para o fazer. Amado Jesus, transpassai meu pobre coração com o doce dardo de vosso amor, para que sempre desfaleça de desejo por vós e me dissolva no amor por vós. Que vos procure sempre que só por vós almeje e sempre encontre. Meu Jesus, só a vos eu quero e nada mais. Fazei que o repita sempre nesta vida e, principalmente, na hora de minha morte. "Só a vós que quero e nada mais." (NE)

O Espírito Santo dá-nos todos os bens

O amor é o tesouro de que fala o evangelho; para o conquistar deve-se deixar tudo, porque ele nos faz participar da amizade de Deus.

Meu Deus, no passado não vos procurei, mas apenas a mim mesmo e minhas satisfações, pela quais voltei as costas a vós, o sumo bem. Consola-me, porém, o que diz Jeremias: "Bom é o Senhor para quem nele espera, para a alma que o procura" (Lm 3,25). Ele me diz que sois todo bondade para quem vos procura.

Meu amado Senhor, reconheço o mal que fiz ao vos deixar e o lamento de todo o coração. Sei o tesouro infinito que sois, e não quero usar mal dessa luz; deixo tudo e escolho-vos como meu único amor. Meu Deus, meu amor, meu tudo, eu vos amo, anseio e suspiro por vós. Fazei que eu seja todo vosso e tudo faça para vos agradar. (NE)

O Espírito Santo dá os meios para amar a Deus e ser santo

É preciso santificar-nos, decidir e começar. A oração tudo pode. O que não podemos com nossas forças nós o podemos com a ajuda de Deus.

Meu caro Redentor, quereis meu amor, e mandais que vos ame de todo o coração. Sim, meu Jesus, de todo o coração quero amar-vos. Não, meu Deus – direi confiado em vossa misericórdia –, não me apavoram meus pecados, porque agora os odeio e detesto acima de qualquer mal. E sei também que esqueceis as ofensas de uma alma que se arrepende e vos ama. Aliás, porque mais que outros vos tenho ofendido, mais que outros vos quero amar com a ajuda que de vós espero. Meu Senhor, quereis que eu seja santo, e eu quero ser santo para vos dar gosto. Eu vos amo, bondade infinita. Dou-me todo a vós. Sois meu único bem, meu único amor. Aceitai-me, meu amor, e fazei-me todo vosso, e não permitais que ainda vos dê desgosto. Fazei que me gaste todo por vós, como vos gastastes totalmente por mim. (NE)

ENCARNAÇÃO

O Verbo fez-se Homem

"Ó fogo que sempre ardes, abrasa-me." Ó Verbo encarnado, fizestes-vos homem para acender em nós o fogo do amor divino; como pudestes, pois, encontrar tanta ingratidão no coração dos homens? Nada poupastes para vos fazer amar por eles; sacrificastes vosso sangue e vossa vida. Como, pois, resistem eles a tanta bondade? Ignoram o que fizestes por eles? Ah! Eles sabem e creem que por amor deles descestes do céu para vos revestir da carne humana, vos sobrecarregar de suas misérias, viver entre dores e padecer uma morte ignominiosa. Como, pois, passam sua vida sem sequer pensar em vós? Amam os parentes, amam os amigos, amam até os animais. Se deles recebem qualquer sinal de afeto, procuram remunerá-los; só a vós não testemunham nem amor nem reconhecimento. Mas ai de mim, gemendo sobre a ingratidão dos homens, acuso-me a mim mesmo de haver sido mais do que os outros culpado para convosco. Mas a vossa bondade me encoraja. Com tanta paciência me tendes suportado, a fim de me perdoar e abrasar no vosso amor, contanto que me arrependa e vos ame. Sim, meu Deus, quero arrepender-me e me arrependo de toda a minha alma de vos ter ofendido; quero amar-vos de todo o meu coração. Confesso, meu Redentor, que meu coração já não merece ser aceito por vós, porque vos abandonou para se apegar às criaturas; mas vejo que o quereis ainda apesar de sua indignidade: eu vô-lo consagro e vô-lo dou com toda a minha vontade. Inflamai-o, pois, todo inteiro de vosso santo amor e fazei que doravante não ame outra coisa fora de vós, bondade infinita, digna dum infinito amor. Amo-vos, meu Jesus, amo-vos, soberano Bem, amo-vos, único amor de minha alma. Ó Maria, minha Mãe, que sois a Mãe do belo Amor, obtende-me a graça de amar o meu Deus; é de Vós que o espero. (NN)

Deus que se faz pequeno

Ó doce, ó amável e santo Menino, tudo fizestes para vos fazer amar dos homens. Basta dizer que de Filho de Deus vos fizestes Filho do homem, e que quisestes nascer não só como todos os outros filhos dos homens, porém mais pobre e mais humilhado que todos os outros, escolhendo para habitação um estábulo e para leito um pouco de palha! Quisestes mostrar-vos a nós, a primeira vez, nessa humilde e tocante condição de criança, para começar a ganhar nosso coração desde o vosso nascimento. E depois continuastes, durante toda a vossa vida, a dar-nos provas sempre maiores de vosso amor, até morrerdes exangue e desonrado num patíbulo infame! Donde vem, pois, a ingratidão dos homens para convosco? Tampouco vos conhecem e menos ainda vos amam! Ó meu Jesus, quero ser do pequeno número destes últimos.

É verdade que no passado eu vos desprezei e, esquecendo vosso amor, só procurei satisfazer-me, sem fazer conta de vós e de vossa amizade. Mas hoje vejo o mal que fiz, sinto dor e arrependimento de todo o coração. Caro Infante, meu Salvador, perdoai-me pelos méritos de vossa santa infância. Amo-vos, meu Jesus, e vos amo tanto que, mesmo que todos os homens se separassem de vós e vos abandonassem, eu vos prometo de vos não deixar jamais, ainda que tivesse de perder mil vezes a vida. Estas luzes e esta boa vontade que agora tenho vós mas destes. Agradeço-vos, meu amor, e vos peço me conserveis com vossa graça. Mas conheceis minha fraqueza e minhas infidelidades passadas. Por piedade não me abandoneis; do contrário tornar-me-ei pior do que antes. Permiti que meu pobre coração vos ame, ó divino Infante. Este coração outrora vos desprezou, mas hoje está todo enamorado de vossa bondade.

Ó Maria, gloriosa Mãe do Verbo encarnado, não me abandoneis vós que sois a Mãe da perseverança e a despenseira das graças. Ajudai-me e ajudai-me sempre. Com o vosso socorro, ó minha esperança, confio ser fiel a Deus até a morte. (NN)

De Senhor ele se fez servo

Ó meu Jesus, em vosso amor por mim e a fim de me livrar das cadeias do inferno, quisestes fazer-vos servo, não só de vosso Pai eterno, mas ainda dos homens, e mesmo dos algozes, e levastes a obediência até ao sacrifício de vossa vida; e eu, por qualquer miserável satisfação, por um prazer envenenado, quantas vezes tenho sacudido o jugo do vosso serviço e me tenho tornado escravo do demônio! Maldigo mil vezes esses momentos funestos em que abusei de minha liberdade ao ponto de desprezar vossa graça, ó Majestade infinita! Perdoai-me, vô-lo peço, e ligai-me com as doces cadeias do amor, com que vos conservais estreitamente unidas as almas que vos são mais caras. Amo-vos, Verbo encarnado, amo-vos, meu soberano Bem.

Não desejo senão amar-vos, e não temo outra coisa que ver-me privado do vosso amor. Ah! não permitais me separe mais de vós. Eu vos conjuro, meu Jesus, por todos os sofrimentos de vossa vida e de vossa morte, não permitais que me afaste de vós no futuro. Não permitais que me separe jamais de vós; não permitais que me separe jamais de vós. Ah! meu Deus, após todas as graças que me tendes prodigalizado, depois de me terdes perdoado tantas vezes, após as luzes que me concedeis neste momento em que me convidais tão docemente a amar-vos, se fosse ainda tão infeliz de vos dar as costas, como poderia ainda esperar o perdão, e não temer ser neste mesmo instante precipitado ao fundo do inferno pela mão da vossa justiça? Ah! repito-o, não permitais, não consintais que de novo me separe de vós.

Ó Maria, meu refúgio, tendes sido para mim até agora a feliz Mediadora junto de Deus; fizestes que Ele me esperasse tanto tempo e me perdoasse com tanta misericórdia! Continuai a socorrer-me: fazei que eu morra, e que morra mil vezes antes que perca ainda uma vez a graça de Deus. (NN)

De inocente ele se fez réu

Ó meu Redentor e meu Deus, quem sou eu, para que me tenhais amado tanto? Que é que vos obriga a amar-me assim? Que tendes recebido de mim senão desprezos e desgostos, que antes vos deveriam obrigar a abandonar-me e a expulsar-me para sempre de vossa presença? Ah! Senhor, aceito qualquer outro castigo, mas não esse. Se me abandonardes e me privardes de vossa graça, já não poderei amar-vos. Não pretendo fugir do castigo, mas quero amar-vos, e quero amar-vos muito. Quero amar-vos como é obrigado a amar-vos um pecador que, pagando com ingratidão tantos favores especiais e tantas provas de amor da vossa parte, vos abandonou tantas vezes e renunciou a vossa graça e ao vosso amor por prazeres miseráveis, efêmeros e envenenados.

Ó querido Menino, perdoai-me; arrependo-me de todo o coração de vos haver tantas vezes desgostado. Mas, meu Jesus, sabei que não me contento com um simples perdão. Desejo ainda a graça de vos amar muito, quero compensar, quanto possível, com meu amor e minha ingratidão passada. Uma alma inocente ama-vos como inocente, agradecendo-vos a terdes preservado da morte do pecado. Mas eu devo amar-vos como um pecador, isto é, como um servo rebelde, como um criminoso, condenado ao inferno, tantas vezes quantas o mereci, e tantas vezes agraciado por vossa misericórdia, que me pôs em estado de salvar-me, enriqueceu-me de luzes, de socorros e de convites para me santificar. Ó Redentor de minha alma, minha alma já se enamorou de vós, já vos ama. Vós me tendes amado tanto; vencido por vosso amor, não posso resistir por mais tempo a tantas finezas. Rendo-me enfim e ponho em vós todo o meu amor. Amo-vos, pois, Bondade infinita, amo-vos, Deus infinitamente amável! Aumentai sempre mais as chamas, multiplicai sem cessar as setas de amor que traspassam meu coração. Por vossa glória, fazei-vos amar muito por este coração que muito vos tem ofendido. Maria, minha Mãe, que sois a esperança e o refúgio dos pecadores, socorrei um pecador que quer ser grato a seu Deus; fazei que o ame e o ame muito. (NN)

De forte ele se fez fraco

Meu sumo Deus e Redentor, eu estava perdido e vós me resgatastes do inferno com vosso sangue; mas depois eu me perdi miseravelmente e muitas vezes, e sempre me subtraístes à morte eterna. Eu sou vosso, salvai-me. Já que agora sou vosso, como espero, não permitais me suceda ainda revoltar-me contra vós e perder-me. Estou resolvido a sofrer a morte, e mil mortes, antes que ver-me de novo vosso inimigo e escravo do demônio. Mas conheceis minha fraqueza e minhas infidelidades passadas: vós haveis de fazer-me invencível aos assaltos do inferno. Sei que nas tentações serei por vós socorrido, sempre que vos invocar; essa é vossa promessa: Pedi e recebereis. Quem pede, recebe. Mas resta-me um temor: temo que em minhas necessidades eu deixe de recorrer a vós: isso seria minha ruína. Eis a graça que vos peço antes de tudo: a força de recorrer a vós e de implorar vossa proteção todas as vezes que eu for tentado; peço-vos ainda o auxílio para vos pedir sempre essa graça; concedei-ma pelos méritos de vosso sangue. E vós, ó Maria, obtende-me essa graça, eu vos conjuro pelo amor que tendes a Jesus Cristo. (NN)

De seu ele se fez nosso

Oh! Quão feliz seria se doravante eu pudesse sempre dizer com a sagrada Esposa: Meu Deus bem-amado se deu todo a mim; é justo que me dê todo a meu Deus! Eu deveria repetir sem cessar com o profeta-rei: Que há para mim no céu, e, fora de ti, que desejei eu sobre a terra?... ó Deus, que és o

Deus de meu coração e minha herança para sempre! Sim, ó caro Infante, meu divino Redentor, já que descestes do céu para vos dar todo a mim, que procurarei eu ainda sobre a terra e no céu senão a vós, que sois meu soberano bem, meu único tesouro e o paraíso das almas? – Sede pois o único senhor do meu coração, possuí-o inteiramente. Só a vós obedeça meu coração e procure agradar. Só a vós ame minha alma, e sede vós só minha partilha! Corram outros atrás dos bens e fortunas do mundo; procurem neles a sua alegria, se é que se pode encontrar verdadeira alegria fora de vós; quanto a mim, quero que vós só sejais toda a minha fortuna, minha riqueza, minha paz e minha esperança nesta vida e na eternidade! Eis meu coração, eu vô-lo dou inteiramente; ele já não é meu, mas vosso. Entrando no mundo oferecestes e destes a vosso Pai eterno toda a vossa vontade como nos fizestes saber por Davi: Na cabeceira do livro está escrito de mim que farei a vossa vontade; sim, meu Deus, eu o quero; assim hoje eu vos ofereço, meu divino Salvador, toda a minha vontade. Ela vos foi outrora rebelde e com ela vos ofendi; mas agora detesto do fundo do coração o mau uso que dela fiz, todas as faltas, pelas quais tive a infelicidade de perder vossa amizade, e vos consagro esta minha vontade sem reserva. Senhor, que quereis que eu faça? Estou pronto a obedecer-vos. Disponde de mim e do que me pertence como vos aprouver; aceito tudo e a tudo me resigno. Sei que quereis meu maior bem; em vossas mãos recomendo meu espírito. Ajudai minha alma por vossa misericórdia, conservai-a, fazei seja ela sempre vossa, e toda vossa, pois que a resgatastes com vosso sangue: Vós me remistes, Senhor, Deus de verdade.

Ó Maria, Virgem santa, feliz sois vós! Fostes sempre toda de Deus, toda bela, toda pura e sem mancha. Só vós fostes, entre todas as almas, chamada pelo divino Esposo sua colomba, sua perfeita. Vós sois o jardim fechado a toda a culpa, a toda a imperfeição, e cheio de flores e frutos de todas as virtudes. Ah! Minha Rainha e minha Mãe, que sois tão bela aos olhos de Deus, tende piedade de minha alma, tão deformizada por seus pecados. Se no passado não pertenci a Deus, agora quero ser dele e todo dele. Quero empregar o resto de minha vida só em amar meu Redentor, que tanto me tem amado: basta dizer que Ele se deu todo a mim. Ó minha esperança, obtende-me a força de lhe ser grato e fiel até a morte. Amém. Assim o espero, assim seja. (NN)

De feliz ele se fez sofredor

S. Maria Madalena de Pazzi prescreveu a duas de suas religiosas se conservassem, durante as festas de Natal, aos pés do divino Infante, para fazerem junto dele o ofício dos animais que o acalentaram com seu hálito, quando Ele tiritava de frio no estábulo: elas deviam acalentá-lo com louvores de amor, com ações de graças e suspiros de amor saídos de seus corações inflamados. – Meu caro

Redentor, oxalá pudesse também eu exercer esse ofício. Sim, louvo-vos meu Jesus, louvo vossa misericórdia infinita, louvo vossa caridade infinita, que vos honra no céu e na terra, e uno minha voz à dos anjos para cantar com eles: Glória a Deus no mais alto dos céus. Rendo-vos graças por todos os homens e especialmente por mim mesmo, mísero pecador. Que seria de mim, que esperança de perdão e de salvação poderia eu ter, ó meu Redentor, se não descêsseis do céu para salvar-me? Eu vos louvo, pois, eu vos agradeço e vos amo. Amo-vos mais do que todas as coisas, amo-vos mais do que a mim mesmo, amo-vos de toda a minha alma e dou-me todo a vós. Recebei, divino Infante, e aceitai esses atos de amor; e se eles são frios, por saírem de um coração gelado, acalentai este pobre coração, este coração que vos ofendeu, mas que se arrepende. Sim, Senhor, arrependo-me sobre todas as coisas de vos haver ofendido, a vós que me haveis amado tanto. Agora não desejo senão amar-vos; eis a única coisa que vos peço: dai-me o vosso amor, e fazei de mim o que vos aprouver. Fui um tempo mísero escravo do inferno; mas hoje que estou livre dessas funestas cadeias, consagro-me inteiramente a vós: consagro-vos meu corpo, meus bens, minha vida, minha alma, minha vontade e toda a minha liberdade. Já não quero ser meu, mas só vosso, meu único bem. Dignai-vos prender a vossos pés meu pobre coração, a fim de que não se separe jamais de vós. Ó Maria, minha Santíssima Mãe, impetrai-me a graça de viver sempre nas felizes cadeias do amor do vosso adorável Filho. Dizei-lhe que me aceite por escravo de seu amor; Ele faz tudo o que lhe pedis. Rogai, rogai por mim. Assim o espero. (NN)

De rico ele se fez pobre

Meu caro Jesus, inflamai-me de vosso santo amor, pois que para isso viestes à terra. É verdade que eu, miserável, por vos haver ofendido, após tantas luzes e graças especiais que me destes, não mereço arder nessas benditas chamas, em que ardiam os Santos; as chamas do inferno deveriam ser minha partilha; mas, apesar de minha ingratidão, estou ainda fora dessa horrível prisão que tenho merecido; ouço que vós, voltando-vos para mim, me dizeis: Amarás o Senhor teu Deus de todo o teu coração. Ó meu Deus, agradeço-vos me renovardes esse doce preceito; e já que me mandais amar-vos, quero obedecer-vos, quero amar-vos de todo o meu coração. Senhor, no passado fui um ingrato, um cego; esqueci voluntariamente o amor que tendes por mim; mas agora que me aclarais novamente e me recordais tudo o que fizestes por meu amor; agora que considero que vos fizestes homem por mim e que vos carregastes das minhas misérias; agora que vos vejo sobre a palha, tremendo de frio, gemendo e chorando por mim, ó divino Infante, como poderia viver sem vos amar? Ah! perdoai-me, amor meu, perdoai todos os desgostos que vos tenho dado. Ó

Deus, como pude ofender-vos assim, sabendo pela fé tudo o que sofrestes por mim? Mas essas palhas que vos pungem, essa vil manjedoura que vos acolhe, esses ternos vagidos que soltais, essas lágrimas de amor que derramais, fazem-me esperar com confiança o perdão de minhas faltas e a graça de vos amar o resto de minha vida. Sim, eu vos amo, ó Verbo encarnado, eu vos amo, ó divino Infante, eu vos amo e me dou todo a vós. Pelas penas que sofreis no estábulo de Belém, ó meu Jesus, não rejeiteis um mísero pecador que quer amar-vos. Ajudai-me e dai-me a perseverança; tudo espero de vós.
Ó Maria, que sois a digna Mãe de tão grande Filho e a mais amada desse Filho, rogai por mim. (NN)

De sublime ele se fez humilde

Ó meu Jesus desprezado, com vosso exemplo tornastes caros e amáveis os desprezos aos que vos amam. Contudo, pois, em vez de recebê-los com alegria, como o fizestes, eu me tenho orgulhosamente revoltado contra os que me desprezavam e cheguei a ofender vossa majestade infinita? Fui a um tempo pecador e soberbo! Ah! Senhor, compreendo: não tenho sabido aceitar as afrontas com paciência, porque não soube amar-vos: se vos amasse, tê-los-ia achado doces e agradáveis. Mas já que prometeis o perdão a quem se arrepende, detesto do fundo da alma as desordens da minha vida, que tem sido tão diferente da vossa. Mas quero emendar-me e vos prometo sofrer doravante todos os desprezos que me forem feitos, por vosso amor, ó meu Jesus que fostes tão desprezado por amor de mim. Sei que as humilhações são minas preciosas que abris às almas para enriquecê-las de tesouros eternos. Ah! Bem mereço eu outras humilhações e outros desprezos, eu que desprezei vossa graça: mereço ser calcado aos pés dos demônios! Mas vosso sangue é minha esperança. Quero mudar de vida, não quero mais ofender-vos; doravante só quero procurar vosso beneplácito. Mereci mais vezes ser lançado nas chamas do inferno; vós que até agora me tendes esperado e perdoado, como espero, fazei que em vez de arder naquele horrível fogo, eu arda no doce fogo do vosso santo amor. Ó meu amor, não quero mais viver sem vos amar. Ajudai-me, não permitais que eu viva na ingratidão para convosco, como o fiz no passado. De hoje em diante, quero amar a vós só; quero que meu coração só a vós pertença. Tomai posse dele e guardai-o eternamente, de sorte que eu seja sempre vosso e que sejais sempre meu, que eu vos ame sempre e que vós sempre me ameis. Sim, ó Deus infinitamente amável, assim o espero, sempre vos amarei, e vós me amareis sempre. Creio em vós, bondade infinita; espero em vós, bondade infinita; amo-vos, bondade infinita, amo-vos e não cessareis jamais de dizer-vos: Amo-vos, amo-vos, amo-vos; e porque vos amo estou resolvido a fazer quanto possa para comprazer-vos. Disponde de

mim como vos aprouver. Basta que me deis a graça de amar-vos, e fazei de mim o que quiserdes. Vosso amor é e será sempre meu único amor, meu único bem.
Maria, minha esperança, Mãe do belo amor, ajudai-me a amar muito e sempre meu Deus infinitamente amável. (NN)

O santo nome de Jesus

Ó Jesus, já que sois meu Salvador, que destes vosso sangue e vossa vida para resgatar-me, gravai, peço-vos, vosso nome adorável em meu pobre coração, a fim de que, tendo-o sempre impresso no coração pelo amor, eu o tenha também sempre nos lábios invocando-o em todas as minhas necessidades. Se o demônio me tentar, vosso nome me dará força de resistir-lhe. Se a confiança me abandonar, vosso nome me reanimará a esperança. Se estiver aflito, vosso nome me fortalecerá, recordando-me o muito que sofrestes por mim. Se estiver frio em vosso amor, vosso nome me inflamará, recordando-me o muito que sofrestes por mim. Se estiver frio em vosso amor, vosso nome me inflamará, recordando-me o amor que me testemunhastes. No passado caí muitas vezes no pecado, porque vos não invoquei; para o futuro vosso nome será minha defesa, meu refúgio, minha esperança, meu único consolo e meu único amor. Assim espero viver, assim espero morrer, tendo sempre nos lábios vosso santo nome.

Virgem Santíssima, obtende-me a graça de invocar sempre em minhas necessidades o nome de vosso divino Filho, Jesus, e o vosso, minha Mãe Maria; mas fazei que os invoque sempre com confiança e amor, dizendo-vos com o devoto Afonso Rodrigues: "Ó meu dileto Jesus, ó minha querida Rainha, Maria, concedei-me a graça de sofrer e de morrer por vosso amor: já não quero ser meu, mas vosso e todo vosso, vosso na vida e vosso na morte, em que, com vosso socorro, espero entregar minha alma repetindo: Jesus e Maria, ajudai-me; Jesus e Maria, recomendo-me a vós; Jesus e Maria, eu vos amo, confio em vós, eu vos dou toda minha alma". (NN)

Na noite de Natal

Vendo-me manchado de tantos pecados, não teria a ousadia de aproximar-me de vós, Senhor, se me não convidásseis com tanta bondade; mas já que me chamais tão amorosamente, não quero recusar o favor que me fazeis. Não, não quero acrescentar às minhas faltas esta nova ingratidão para convosco; depois de vos haver tantas vezes voltado as costas, não quero por falta de confiança resistir a um apelo tão doce, tão gracioso. Mas sabeis que sou extremamente pobre; nada tenho para vos oferecer. Não tenho outra coisa que meu miserável coração, que venho trazer-vos. É verdade que vos ofendi outrora, mas hoje me arrependo, e vô-lo ofereço arrependido. Sim, adorável Menino, arrependo-me de vos haver contristado. Eu o confesso, sou o bárbaro, o traidor, o ingrato, que vos causou tantas dores e vos fez derramar tantas lágrimas no estábulo de Belém; mas vossas lágrimas são minha esperança. Sou um pecador indigno de perdão; mas tenho a vós que, sendo Deus, vos fizestes menino para perdoar-me. Ó Pai eterno, se mereço o inferno, olhai para as lágrimas que vosso Filho inocente derrama para me obter misericórdia. Não recusais nada às preces de Jesus Cristo; atendei-o pois que implora de vós meu perdão nesta noite, que é uma noite de alegria, uma noite de salvação, uma noite de perdão. – Ah! Caro Menino, meu Jesus, espero de vós o perdão; mas não me basta o perdão de meus pecados: nesta noite concedeis grandes graças às almas; eu também desejo uma grande graça que deveis fazer-me, a graça de vos amar. Agora que estou arrependido a vossos pés, abrasai-me todo de vosso santo amor e prendei-me a vós; mas prendei-me de tal forma que me não possa mais separar de vós. Amo-vos, ó meu Deus feito menino por mim, mas amo-vos pouco; quero amar-vos muito, a vós

compete fazer que assim seja. Venho beijar-vos os pés e trazer-vos meu coração; eu vô-lo entrego, não o quero mais. Transformai-o e guardai-o para sempre. Não mo deis mais, pois se o puserdes em minhas mãos, temo que vos torne a trair.
SS. Virgem Maria, vós que sois a Mãe desse divino Menino, sois também a minha Mãe: em vossas mãos deposito meu pobre coração, apresentai-o a Jesus. Se vós lho apresentardes, Ele o não rejeitará. Apresentai, pois, meu coração a Jesus, ó minha Mãe, e pedi que o aceite. (NN)

PAIXÃO E MORTE

Conquistou-nos por seu amor

Reconheço, ó meu Jesus, que eu não posso sem injustiça dispor de mim e de minhas coisas, já que sou propriedade vossa, visto me haverdes comprado com vossa morte. Meu corpo, minha alma, minha vida não é mais minha, é vossa e inteiramente vossa. Só em vós, portanto, quero por minha esperança, só a vós quero amar, ó meu Deus, por mim morto e crucificado. Não tenho outra coisa para oferecer-vos que esta alma resgatada em vosso sangue, e ela eu vos ofereço. Permiti que vos ame, pois nada mais quero fora de vós, meu Salvador, meu Deus, meu amor, meu tudo. Ao tempo passado fui mui grato para com os homens, mas fui mui ingrato para convosco. Presentemente eu vos amo e não há coisa que mais me aflija que o ter-vos desgostado. Ó meu Jesus, dai-me que eu confie em vossa Paixão e tirai de meu coração todo o afeto que não for para vós. Quero amar-vos exclusivamente, já que mereceis todo o meu amor e de tantas maneiras me obrigastes a vos amar.

E quem poderá deixar de vos amar, vendo-vos, como o filho dileto do Eterno Pai, terminar vossa vida com uma morte tão amarga e desumana por nosso amor? Ó Mãe do belo amor, pelos merecimentos de vosso coração abrasado em amor, obtende-nos a graça de viver somente para amar vosso Filho, que, merecendo um amor infinito, quis a tanto custo conquistar o amor de um mísero pecador. Ó amor das almas, meu Jesus, eu vos amo; dai-me mais amor, mais chamas que me façam viver abrasado em vosso amor. Eu não mereço, mas vós o mereceis, bondade infinita. Amém, assim o espero, e assim seja. (PX)

Por amor libertou-nos

Permiti-me dizê-lo, ó meu doce Redentor, muita razão não tinha em vossa esposa de chamar-vos louco de amor. E não parece uma loucura o terdes querido morrer por mim, um verme ingrato, como sou, de quem já previeis as ofensas e as traições que vos deveria fazer? Mas se vós, ó meu Deus, quase enlouquecestes por amor de mim, como é que eu não chego a enlouquecer por amor de um Deus? Depois de vos haver visto morto por mim, como poderei pensar em outro, além de vós? Como poderei amar outra coisa, além de vós? Oh! sim, meu Senhor, meu sumo bem, mais amável que todos os outros bens, eu vos amo mais do que a mim mesmo. Prometo-vos não amar de hoje em diante outro bem fora de vós e pensar sempre no amor que me haveis demonstrado, morrendo no meio de tantos tormentos por mim.

Ó flagelos, ó espinhos, ó cravos, ó cruz, ó chagas, ó tormentos, ó morte de meu Jesus, vós muito me forçais e obrigais a amar a quem tanto me amou. Ó Verbo encarnado, ó Deus amoroso, minha alma se abrasa em amor por vós. Desejaria amar-vos tanto que não tivesse outro prazer que dar-vos prazer, ó dulcíssimo Senhor meu, e visto que tanto desejais meu amor, eu protesto que não quero mais viver senão para vós, e fazer tudo o que quereis de mim. Ó meu Jesus, ajudai-me, fazei que eu vos agrade inteiramente e sempre, no tempo e na eternidade. Maria, minha Mãe, rogai a Jesus por mim, para que me conceda seu amor, já que outra coisa não desejo nesta e na outra vida que amar a Jesus. Amém. (PX)

Pronto a se entregar por nós

Ó Redentor amabilíssimo, não quero resistir por mais tendo às vossas finezas: eu vos consagro todo o meu amor. Vós sereis entre todas as coisas e haveis de ser sempre o único amor de minha alma. Fizestes-vos homem para ter uma vida que dar por mim e eu desejaria ter mil vidas para sacrificá-las todas por vós. Eu vos amo, bondade infinita, e quero amar-vos com todas as minhas forças; quero fazer quanto em mim estiver para vos agradar. Vós, inocente, tanto padecestes por mim e eu, pecador, que mereci o inferno, quero sofrer por vós o que vos aprouver. Meu Jesus, auxiliai este meu desejo, que vós mesmo me inspirais, por vossos merecimentos. Ó Deus infinito, eu creio em vós, em vós eu espero, a vós eu amo. Maria, minha Mãe, intercedei por mim. Amém. (PX)

Por amor ele se fez nosso pão

Ah! Meu caro Jesus, dizei-me, que mais vos resta inventar para vos fazerdes amar? E eu continuarei a viver tão ingrato para convosco como o tenho sido até agora? Senhor, não o permitais. Vós dissestes que quem se alimenta de vossa carne na comunhão viverá por virtude de vossa graça: "Quem me comer viverá por mim" (Jo 6,58). Visto, pois, que vos não dedignais vir a mim na sagrada comunhão, fazei que minha alma viva sempre da verdadeira vida de vossa graça. Arrependo-me, ó sumo bem, de havê-la desprezado em minha vida passada, mas vos agradeço o tempo que me dais para chorar as ofensas que vos fiz. Quero pôr em vós, no restante de minha vida, todo o meu amor e pretendo agradar-vos quanto em mim estiver. Socorrei-me, ó meu Jesus, não me abandoneis. Salvai-me por vossos merecimentos, e minha salvação consista em amar-vos sempre nesta vida e na eternidade. Maria, minha Mãe, ajudai-me também vós. (PX)

Em agonia no horto

Ó meu Senhor afligido, fazei que eu participe da dor que então sentistes por meus pecados. Eu os detesto no presente e uno este meu arrependimento ao pesar que sentistes no horto. Ah! Meu Salvador, não olheis para meus pecados, pois não me bastaria o inferno; olhai para os sofrimentos que suportastes por mim. Ó amor de meu Jesus, sois meu amor e minha esperança. Senhor, eu vos amo com toda a minha alma e quero amar-vos sempre. Pelos merecimentos daquela angústia e tristeza que sofrestes no horto, dai-me fervor e coragem nas empresas para vossa glória. Pelos merecimentos de vossa agonia, dai-me força para resistir a todas as tentações da carne e do inferno. Dai-me a graça de me recomendar sempre a vós e de repetir sempre com Jesus Cristo: Não o que eu quero, mas sim o que vós quereis. Não se faça a minha, mas sempre a vossa divina vontade. Amém. (PX)

Desprezado por amor a nós

Ah, meu Jesus, e como é que eu, à vista de um Deus tão ultrajado por meu amor, não sei suportar o mínimo desprezo por vosso amor? Pecador e soberbo! De onde, Senhor, pode me vir este orgulho? Ah! Pelos merecimentos dos desprezos que sofrestes, dai-me a graça de suportar com paciência e alegria as afrontas e injúrias. Proponho de agora em diante com vosso auxílio não mostrar mais ressentimento e receber com alegria todas as injúrias que me forem feitas. Outros desprezos mereci eu, que desprezei vossa divina majestade e por isso mereci os desprezos do inferno. Vós, meu amado Redentor, me fizestes mui doces e amáveis as afrontas, abraçando tantos desprezos por meu amor. Proponho, além disso, para vos comprazer, beneficiar quanto puder quem me desprezar ou pelo menos dizer bem dele e rezar por ele. E agora vos suplico encher de graças aqueles de quem recebi alguma injúria. Eu vos amo, bondade infinita, e quero amar-vos sempre quanto eu puder. Amém. (PX)

Flagelado por nós

Eu vos amo, ó Jesus, dilacerado e chagado por meu amor. Quisera ver-me também despedaçado por vós, como tantos mártires que tiveram tão feliz sorte. Se não posso agora oferecer-vos feridas e sangue, ofereço-vos ao menos todas as penas que me couberem em parte; ofereço-vos meu coração, com o qual quero amar-vos o mais ternamente possível. E o que deverá amar com mais ternura minha alma senão a um Deus flagelado e exangue por mim? Eu vos amo, ó Deus de amor, eu vos amo, bondade infinita, amo-vos ó meu amor, meu tudo: amo-vos, e não quero cessar mais de dizer, nesta e na outra vida: Eu vos amo, eu vos amo. Amém. (PX)

Coroado de espinhos

Ah, meu caro Redentor, recebei um servo que vos abandonou, mas que, arrependido, agora para vós se volta. Quando eu vos fugia e desprezava vosso amor, não deixastes de correr atrás de mim para atrair-me a vós; por isso não posso temer que me expulseis agora que vos busco, vos estimo e vos amo sobre todas as coisas. Fazei-me conhecer o que devo fazer para agradar-vos, pois estou pronto para tudo. Ó Deus amabilíssimo, quero amar-vos deveras e não quero desgostar-vos mais. Ajudai-me com vossa graça, não permitais que vos torne a abandonar. Maria, minha esperança, rogai a Jesus por mim. Amém. (PX)

Homem por nós

Sim, amável Salvador, "vós sois meu rei", sois e sereis sempre meu único Senhor. De fato sois vós o verdadeiro rei de nossas almas, pois as criastes e as remistes da escravidão de Lúcifer. "Venha a nós vosso reino". Dominai, reinai, pois, sempre em nossos pobres corações; que eles vos sirvam sempre e vos obedeçam. Que outros sirvam aos monarcas deste mundo com a esperança dos bens desta terra; nós queremos servir somente a vós, nosso rei aflito e desprezado, com a única esperança de vos agradar sem consolações terrenas. De hoje em diante nos serão caras as dores e as injúrias, que quisestes sofrer tantas vezes por nosso amor. Dai-nos a graça de vos permanecer fiéis e para isso dai-nos o grande dom de vosso amor. Se vos amarmos, amaremos também os desprezos e as penas que tanto amastes e nada mais vos pediremos além do que vos suplica vosso fiel e devoto servo S. João da Cruz: "Senhor, sofrer e ser desprezado por vós. Senhor, padecer e ser desprezado por vós". Minha mãe Maria, intercedei por nós. Amém. (PX)

Levado ao Calvário

Ah, meu Jesus, quem sou eu que me quereis para vosso discípulo e me ordenais que vos ame e me ameaçais com o inferno, se não quiser vos amar? E de que serve, dir-vos-eis com S. Agostinho, ameaçar-me com as penas eternas? Pois que maior desgraça me poderá assaltar do que não vos amar, Deus amabilíssimo, meu Criador, meu Redentor, meu paraíso, meu tudo? Vejo que por um justo castigo das ofensas que vos fiz mereceria estar condenado a não poder mais vos amar; mas vós, porque ainda me amais, continuai a mandar que eu vos ame, repetindo-me sempre ao coração: "Amarás o Senhor teu Deus com todo o teu coração, com toda a tua alma e com toda a tua mente". Agradeço-vos, ó meu amor, este doce preceito e para obedecer-vos eu vos amo com todo o meu coração, com toda a minha alma, com toda a minha mente. Arrependo-me de não vos haver amado pelo passado e no presente prefiro toda pena à de viver sem vos amar, e proponho sempre procurar o vosso amor. Ajudai-me, ó meu Jesus, a fazer sempre atos de amor e a sair desta vida com um ato de amor, para que eu chegue a amar-vos face a face no paraíso, onde vos amarei sem imperfeição e sem intervalo, com todas as minhas forças por toda a eternidade. Ó Mãe de Deus, rogai por mim. Amém. (PX)

Pregado à Cruz

Ah! Meu caro Salvador, eis-me aos vossos pés: eu fui um dos vossos mais ingratos perseguidores: pedi a vosso Pai para que ele me perdoe também a mim. É verdade que os judeus e os algozes não sabiam, ao crucificar-vos, o que faziam; eu, porém, muito bem sabia que, pecando, ofendia a um Deus crucificado e morto por mim. Mas vosso sangue e vossa morte me mereceram também a mim a divina misericórdia. Eu não posso duvidar de ser perdoado vendo-vos morrer para me obter o perdão. Ah, meu doce Redentor, lançai sobre mim um daqueles olhares amorosos que me dirigistes ao morrer por mim na cruz: olhai-me e perdoai-me todas as ingratidões com que tratei vosso amor. Arrependo-me, ó meu Jesus, de vos ter desprezado. Amo-vos de todo o meu coração e, à vista de vosso exemplo, porque vos amo, amo também todos aqueles que me ofenderam. Desejo-lhes todo o bem e proponho servi-los e socorrê-los quanto me for possível por amor de vós, meu Senhor, que quisestes morrer por mim que tanto vos ofendi. (PX)

Despedida e morte

Meu amado Redentor, quanto vos devo! Entrego minha pobre alma as vossas mãos traspassadas. Fazei que eu compreenda bem quão grande foi o amor que levou um Deus a morrer por mim. Desejaria morrer também por vós, Senhor, mas que compensação pode dar a morte de um escravo perverso à de seu Senhor e Deus? Desejaria ao menos amar-vos quanto estivesse em mim, mas sem vosso auxílio, ó meu Jesus, eu nada posso. Ajudai-me e pelos merecimentos de vossa morte fazei que eu morra a todos os amores da terra para que eu ame somente a vós, que mereceis todo o meu amor. Eu vos amo, bondade infinita, eu vos amo, meu sumo bem, e vos suplico com S. Francisco: "Morra eu, Senhor, pelo amor de teu amor, que te dignaste morrer pelo amor de meu amor". Morra eu a tudo, ao menos por gratidão ao grande amor que me mostrastes, dignando-vos morrer por meu amor e para ser amado por mim. Maria, minha Mãe, intercedei por mim. Amém. (PX)

Sua morte é nossa esperança

Ó meu Jesus, meu Jesus, que belas esperanças me incute vossa paixão. Quanto vos devo, meu amado Senhor. Ah, não vos tivesse eu ofendido. Perdoai-me todas as injúrias que vos fiz: inflamai-me para sempre. E como posso temer não ser perdoado e receber a salvação de todas as graças de um Deus onipotente que me deu todo o seu sangue? Ah, meu Jesus, minha esperança, para não me condenardes, quisestes perder vossa vida: não quero perder-vos mais, bem infinito. Se vos perdi no passado, eu me arrependo e no futuro não quero perder-vos mais, vós me ajudareis para que eu não vos perca mais. Senhor, eu vos amo e quero amar-vos sempre. Maria, depois de Jesus, sois minha esperança; dizei a vosso Filho que vós me protegereis e serei salvo. Amém. (PX)

Só nos resta amar a quem tanto nos amou

Ah, meu amado Jesus, eu não quero ter outro amor que não seja por vós: estou satisfeito convosco: renuncio a todos os outros afetos, vosso amor só me basta. Sinto que me dizeis: "Põe-me como selo sobre teu coração" (Ct 8,6). Sim, meu Jesus crucificado, eu vos ponho e peço-vos que vos ponhais a vós mesmo como um selo sobre meu coração, para que fique fechado a todo outro afeto que não tenda para vós. No passado eu vos desgostei com outros amores, mas presentemente não há pena que mais me aflija como a recordação de haver com meus pecados perdido vosso amor, e no futuro "quem me separará do amor de Jesus Cristo?"

Não, meu amabilíssimo Senhor, depois de me haverdes feito conhecer o amor que me tivestes, não quero mais viver sem vos amar. Eu vos amo, meu amor crucificado, eu vos amo de todo o meu coração e vos entrego esta alma tão procurada e amada por vós. Pelos merecimentos de vossa morte, que tão atrozmente separou vossa bendita alma de vosso corpo, desprendei-me de todo o amor que possa impedir-me de ser todo vosso e de amar-vos de todo o meu coração. Maria, minha esperança, ajudai-me a amar unicamente vosso dulcíssimo Filho, de tal maneira que eu possa repetir sempre, no decorrer de minha vida: Meu amor foi crucificado. Amém. (PX)

VIA-SACRA
O CAMINHO DO CALVÁRIO

Oração Inicial

Meu Senhor Jesus Cristo, ao longo deste caminho, fostes com tanto amor a morrer por mim, que tantas vezes vos voltei as costas. Agora, porém, eu vos amo com toda a minha alma, e porque vos amo arrependo-me de todo o coração de vos ter ofendido. Perdoai-me e permiti que vos acompanhe nessa caminhada. Ides a morrer por amor de mim; quero ir convosco a morrer por vosso amor, meu amado Redentor. Meu Jesus, unido a vós quero viver e morrer.

1ª ESTAÇÃO: Jesus é condenado à morte

– Nós vos adoramos, Senhor, e vos bendizemos
– Porque pela vossa santa cruz remistes o mundo.

Jesus, depois de flagelado e coroado de espinhos, foi injustamente condenado por Pilatos a morrer crucificado.
– Meu adorado Jesus, não foi Pilatos, mas meus pecados que vos condenaram à morte. Pelos méritos da dolorosa caminhada que iniciais, peço que me acompanheis na

viagem que faço rumo à eternidade. Eu vos amo, Jesus, mais que a mim mesmo, e arrependo-me de todo o coração por vos ter ofendido. Não permitais que ainda me separe de vós. Fazei que sempre vos ame e depois fazei de mim o que quiserdes. Aceito tudo que for de vosso agrado.

2ª Estação: Jesus recebe a cruz

– *Nós vos adoramos, Senhor, e vos bendizemos*
– *Porque pela vossa santa cruz remistes o mundo.*

Jesus, caminhando com a cruz às costas, pensava em ti e por ti oferecia a morte que ia sofrer.
– Meu amabilíssimo Jesus, aceito todas as cruzes a mim destinadas até a morte. Peço que, pelos méritos das dores que padecestes ao carregar vossa cruz, me ajudeis a carregar

a minha com toda a paciência e resignação. Eu vos amo, Jesus. Arrependo-me de vos haver ofendido. Não permitais que me separe de vós. Fazei que eu vos ame sempre, e depois fazeis de mim o que quiserdes.

3ª ESTAÇÃO: Jesus pela primeira vez cai sob a cruz

– Nós vos adoramos, Senhor, e vos bendizemos
– Porque pela vossa santa cruz remistes o mundo.

Jesus pela primeira vez cai sob o peso da cruz. Seu corpo todo estava dilacerado pelos açoites, sua cabeça coroada de espinhos, e perdera muito sangue. Estava pois tão débil, que mal podia andar, tinha sobre os ombros o peso grande da cruz. Os soldados empurravam-no, por isso caiu muitas vezes.
– Meu amado Jesus, não foi o peso da cruz, mas o de meus pecados que tanto vos fez sofrer. Pelos méritos desta primeira queda,

livrai-me de cair em pecado mortal. Eu vos amo, Jesus, de todo o coração. Arrependo-me de vos ter ofendido. Não permitais que ainda vos ofenda. Fazei que vos ame e fazei de mim o que vos aprouver.

4ª Estação: Jesus encontra-se com Maria

– Nós vos adoramos, Senhor, e vos bendizemos
– Porque pela vossa santa cruz remistes o mundo.

No caminho, o Filho encontra-se com sua Mãe. Encontram-se os olhares de Jesus e de Maria, como setas a ferir seus corações, que tanto se amavam.
– Meu Jesus muito amado, pelo que sofrestes nesse encontro, concedei-me a graça de ser verdadeiro devoto de vossa Mãe santíssima. E vós, minha rainha das dores, obtende-me com vossa intercessão contínua e amorosa lembrança da Paixão de vosso

Filho. Eu vos amo, Jesus amado, e arrependo-me de vos ter ofendido. Não permitais que ainda vos ofenda. Fazei que vos ame e depois fazei de mim o que for de vosso agrado.

5ª Estação: Jesus é ajudado por Cireneu

– Nós vos adoramos, Senhor, e vos bendizemos
– Porque pela vossa santa cruz remistes o mundo.

Vendo que, de tão fraco, Jesus estava quase a morrer, e temendo que morresse pelo caminho, para vê-lo morrer a morte infame da cruz, obrigaram Simão de Cirene a carregar a cruz com o Senhor.
– Doce Jesus, não quero recusar a cruz como Cireneu; abraço-a e aceito; aceito especialmente a morte a mim destinada, com todos os sofrimentos que a acompanharem. Uno-a com a vossa, e vô-la ofereço. Morrestes

por meu amor, e eu quero morrer por vosso amor, para vos agradar. Arrependo-me de vos ter ofendido. Não permitais que volte a vos ofender. Fazei que vos ame e depois fazei de mim o que bem quiserdes.

6ª ESTAÇÃO: Jesus e o carinho de Verônica

– *Nós vos adoramos, Senhor, e vos bendizemos*
– *Porque pela vossa santa cruz remistes o mundo.*

A boa Verônica, vendo Jesus que mal respirava, com o rosto coberto de suor e sangue, ofereceu-lhe uma toalha. Nela o Senhor deixou impressa sua sagrada imagem.
– Meu amado Jesus, vosso rosto era tão belo, agora não é belo, mas deformado pelas feridas e pelo sangue. Também minha alma era bela quando recebeu a graça do batismo. Eu, porém, desfigurei-a com meus pecados. Somente vós, meu Redentor, po-

deis restituir-lhe a antiga beleza; fazei-o por vossa Paixão.

7ª ESTAÇÃO: Jesus cai pela segunda vez

– Nós vos adoramos, Senhor, e vos bendizemos
– Porque pela vossa santa cruz remistes o mundo.

Pela segunda vez, caiu Jesus sob o peso da cruz. Renovam-se as dores de todas as feridas de sua sagrada cabeça e de todo o seu corpo. – Manso Jesus, quantas vezes já me perdoastes, e tornei a cair e a vos ofender! Pelos méritos de nova queda, ajudai-me a perseverar em vossa graça até a morte. Fazei que, em todas as tentações que me assaltarem, sempre me recomende a vós. Eu vos amo, meu Jesus, com todo o coração. Arrependo-me de vos ter ofendido. Não permitais que vos ofenda de novo. Fazei que sempre vos ame, e depois disponde de mim como quiserdes.

8ª ESTAÇÃO:
Jesus fala às mulheres que choravam

– Nós vos adoramos, Senhor, e vos bendizemos
– Porque pela vossa santa cruz remistes o mundo.

Ao ver Jesus tão angustiado e a verter sangue ao longo do caminho, algumas mulheres choravam compadecidas. Disse-lhes Jesus: Não choreis por mim, mas por vossos filhos.
– Meu Jesus sofredor, choro as ofensas que vos fiz, choro pelos castigos que mereci, mas principalmente choro pelo desgosto que vos dei, a vós que tanto me tendes amado. Não é tanto o inferno, mas vosso amor que me faz chorar meus pecados. Meu Jesus, eu vos amo mais que a mim mesmo. Arrependo-me de vos ter ofendido. Não permitais que continue a vos ofender. Fazei que sempre vos ame e depois fazei de mim o que quiserdes.

9ª ESTAÇÃO:
Jesus cai pela terceira vez

– Nós vos adoramos, Senhor, e vos bendizemos
– Porque pela vossa santa cruz remistes o mundo.

Era grande demais a fraqueza de Jesus, grande demais a crueldade dos carrascos, que queriam obrigá-lo a apressar o passo, quando mal podia caminhar.
– Meu desfigurado Jesus, pelo mérito da fraqueza que quisestes sofrer no caminho do Calvário, dai-me a força necessária para vencer qualquer respeito humano e todas as minhas más inclinações, que no passado me levaram a desprezar vossa amizade. Eu vos amo, Jesus meu amor, com todo o meu coração. Arrependo-me de vos ter ofendido. Não permitais que ainda vos ofenda. Fazei que vos ame sempre e depois fazei de mim o que vos agrada.

10ª ESTAÇÃO:
Jesus é despido

– Nós vos adoramos, Senhor, e vos bendizemos
– Porque pela vossa santa cruz remistes o mundo.

Os carrascos arrancaram violentamente a roupa de Jesus. A interior estava presa à carne dilacerada pelos açoites, e a pele saia junto quando a arrancavam. Compadece-te de teu Senhor e dize-lhe:
– Meu inocente Jesus, pelos méritos dessas dores, ajudai-me a me despojar dos afetos todos às realidades desta terra, para que ponha em vós todo o meu amor, em vós que muito mereceis ser amado. Eu vos amo de todo o coração. Arrependo-me de vos haver ofendido; não permitais que continue a vos ofender. Fazei que vos ame e fazei de mim o que bem quiserdes.

11ª ESTAÇÃO: Jesus é pregado na cruz

– Nós vos adoramos, Senhor, e vos bendizemos
– Porque pela vossa santa cruz remistes o mundo.

Jesus foi atirado sobre a cruz, estendeu as mãos e ofereceu ao Eterno Pai o sacrifício de sua vida por nossa salvação. Aqueles bárbaros pregaram-no, levantaram a cruz e deixaram-no a morrer naquele patíbulo infame.
– Meus Jesus desprezado, pregai este meu coração aos vossos pés, para que ali fique para sempre, amando-vos e nunca mais vos deixando. Eu vos amo mais que a mim mesmo. Arrependo-me de vos ter ofendido; não deixeis que ainda vos ofenda. Fazei que sempre vos ame e então fazei de mim o que quiserdes.

12ª Estação:
Jesus morre na cruz

– *Nós vos adoramos, Senhor, e vos bendizemos*
– *Porque pela vossa santa cruz remistes o mundo.*

Depois de três horas de agonia sobre a cruz, teu Jesus, por fim acabado pelas dores, deixou pender o corpo, inclinou a cabeça e morreu.
– Meu Jesus morto, com emoção beijo essa cruz, sobre a qual morrestes. Por meus pecados eu merecia morte infeliz, mas vossa morte é minha esperança. Pelos méritos de vossa morte, dai-me a graça de morrer abraçado aos vossos pés e ardendo de amor por vós. Em vossas mãos, confio minha alma. Amo-vos de todo o coração. Arrependo-me de vos ter ofendido; não permitais que ainda vos ofenda. Fazei que sempre vos ame e disponde de mim como vos agradar.

13ª ESTAÇÃO:
Jesus é retirado da cruz

– Nós vos adoramos, Senhor, e vos bendizemos
– Porque pela vossa santa cruz remistes o mundo.

Quando o Senhor já estava morto, foi descido da cruz por dois de seus discípulos, José e Nicodemos. Depuseram-no nos braços de sua aflita mãe, que ternamente o acolheu estreitando-o ao peito.
– Mãe sofredora, por amor desse filho, aceitai-me como vosso servo e junto dele rogai por mim. E vós, meu redentor, tendo morrido por mim, permiti que vos ame, pois só a vós eu quero e nada mais. Eu vos amo, meu Jesus, e arrependo-me de vos ter ofendido; não permitais que ainda vos ofenda. Fazei que sempre vos ame e depois fazei de mim o que quiserdes.

14ª ESTAÇÃO:
Jesus é sepultado

– Nós vos adoramos, Senhor, e vos bendizemos
– Porque pela vossa santa cruz remistes o mundo.

Os discípulos levaram o corpo de Jesus, acompanhados por sua santa mãe, que, com suas próprias mãos, ajeitou-o no túmulo. Depois fecharam o túmulo e se retiraram.
– Meu Jesus sepultado, beijo essa pedra que vos acolheu. Daí, porém, ressuscitareis ao terceiro dia. Por vossa ressurreição, eu vos peço, no último dia, fazei-me ressuscitar convosco na glória, para estar para sempre unido a vós no céu, a vos louvar e amar para sempre. Eu vos amo e me arrependo de vos ter ofendido. Não permitais que ainda vos ofenda. Fazei que vos ame e depois fazei de mim como vos agradar. (VC)

NOSSO AMOR A JESUS CRISTO

Quanto Jesus merece ser amado

Verbo Eterno, gastastes trinta e três anos de suores e privações. Destes o sangue e a vida para salvar os homens, nada poupando para vos fazerdes amados por eles. Como pode haver homens que, sabendo disto, ainda não vos amam? Ó Deus, eu me encontro no número destes ingratos. Compreendo o mal que fiz. Jesus, tende piedade de mim. Ofereço-vos este meu coração: ingrato, mas arrependido. Arrependo-me, sobretudo, caro Redentor, de vos haver desprezado. Arrependo-me e vos amo com toda a minha alma.

Minha alma ama a um Deus amarrado como um réu por ti, flagelado como escravo por ti, feito rei e escárnio por ti, um Deus finalmente morto na cruz como um criminoso por ti. Sim, meu Salvador e meu Deus, eu vos amo, eu vos amo. Recordai-me sempre o que sofrestes por mim, para que não mais me esqueça de vos amar.

Cordas que amarrastes a Jesus, prendei-me com Jesus. Espinhos que coroastes Jesus, fe-

ri-me de amor para com Jesus. Pregos que transpassastes Jesus, pregai-me na cruz de Jesus, a fim de que eu viva e morra unido com Jesus. Sangue de Jesus, inebriai-me de santo amor. Morte de Jesus, fazei-me morrer a todo afeto terreno. Pés transpassados de meu Senhor, eu vos abraço; livrai-me do inferno que tenho merecido. Jesus, no inferno não poderei vos amar, mas eu quero vos amar sempre. Querido Salvador, salvai-me, uni-me a vós e não permitais que eu vos perca!
Maria, refúgio dos pecadores, Mãe de meu Salvador, ajudai a um pecador que deseja amar a Deus e se recomenda a vós. Socorrei-me pelo amor que tendes a Jesus Cristo. (PA)

Merece amor por nos ter dado a Eucaristia

Deus de amor que nos amais sem limites, digno de um amor sem-fim, dizei-me: que mais poderíeis inventar para vos fazerdes amado por nós? Não vos bastou fazer-vos homem e sujeitar-vos a todas as nossas misérias? Não vos bastou dar por nós todo o sangue à força de tormentos. Depois de mor-

rer consumido de dores sobre um madeiro destinado aos maiores criminosos, colocastes-vos sob as aparências do pão, para vos fazerdes nosso alimento e, assim, unir-vos todo a cada um de nós. Dizei-me: que mais podíeis inventar para vos fazer amar? Ah! Pobres de nós, se nesta vida não vos amamos! Quando entrarmos na eternidade, que remorsos nos causará o não vos ter amado!
Meu Jesus, não quero morrer sem vos amar e vos amar muito. Muito me aflige e penaliza ter-vos dado tantos desgostos. Arrependo-me e queria morrer de dor. Agora vos amo sobre todas as coisas. Amo-vos mais do que a mim mesmo e vos consagro todos os meus afetos. Vós, que me dais esse desejo, dai-me também a força de realizá-lo. Jesus, eu não quero de vós outra coisa senão a vós. Agora que me atraístes a vosso amor, deixo tudo, renuncio a tudo. A vós me uno, só vós me bastais.
Mãe de Deus, Maria, pedi a Jesus por mim e fazei-me santo. Acrescentai este prodígio a tantos outros concedidos por vós: mudar os pecadores em santos! (PA)

Podemos confiar em seu amor

Meu Jesus, que esperança me dá vossa paixão! Por que ter medo de não receber o perdão de meus pecados, o paraíso e todas as graças necessárias de um Deus Poderoso que me deu todo o seu sangue? Jesus, minha esperança e meu amor, para não me perderdes, quisestes perder a vida!

Eu vos amo sobre todos os bens, meu Deus e meu Redentor. Vós vos destes todo a mim, eu vos dou toda a minha vontade e quero vos dizer: eu vos amo! Quero sempre repetir "eu vos amo". Assim quero sempre dizer durante a vida e assim quero morrer, dando o último suspiro com estas palavras nos lábios: meu Deus, eu vos amo. A começar daquele momento, o amor contínuo para convosco durará eternamente sem nunca mais cessar de vos amar. Eu vos amo e porque vos amo, arrependo-me de todo o coração de vos ter ofendido. Como sou miserável! Para não perder um rápido prazer, tantas vezes eu quis vos perder, vós que sois o bem infinito! Este pensamento me atormenta mais do que qualquer outro sofrimento.

Mas consola-me a lembrança de que sois a bondade sem-fim, não sabeis desprezar um coração que vos quer bem. Pudesse eu morrer por vós que morrestes por mim! Meu Redentor, eu espero seguramente de vós a salvação eterna na outra vida, e nesta vida espero a santa perseverança em vosso amor. Por isso faço o propósito de sempre a pedir. Pelos merecimentos de vossa morte, dai-me a perseverança em sempre a pedir.
Também peço e espero de vós esta graça, Maria, minha mãe e rainha! (PA)

Quanto amor lhe devemos

Ó bom e amável Coração de Jesus, como é infeliz o coração que não vos ama! Morrestes na cruz por amor dos homens, sem nenhum alívio. Como podem os homens viver sem pensar em vós? Ó amor de Deus! Ó ingratidão humana! Ó homens, olhai o Cordeiro de Deus inocente, que agoniza e morre na cruz por vós, para aplacar a justiça divina por vossos pecados e assim vos atrair a seu amor. Vede como Ele pede a seu Pai Celeste para que vos perdoe. Vede e amai-o!

Meu Jesus, são tão poucos os que vos amam! Infeliz de mim, passei tantos anos sem pensar em vós e vos ofendi tantas vezes.
Meu amado Redentor, fazei-me chorar não tanto pelos castigos que mereci, mas pelo amor que me tendes. Dores, humilhações, chagas e morte de Jesus, amor de Jesus, fixai-vos em meu coração. Viva sempre em mim a vossa lembrança, fira-me continuamente e me abrase de amor! Amo-vos, meu Jesus, meu sumo bem. Amo-vos, meu amor, meu tudo! Amo-vos e quero vos amar sempre. Não permitais que vos abandone e vos perca jamais. Fazei que eu seja todo vosso; fazei-o pelos merecimentos de vossa morte na qual tenho firme confiança.
Maria, eu confio muito em vossa intercessão. Minha Rainha, fazei que eu ame a Jesus Cristo e também a vós, minha mãe e minha esperança! (PA)

Quem ama está pronto a sofrer

Ó Jesus, meu tesouro e meu amor, pelas ofensas que vos fiz eu não mereceria mais poder vos amar; mas, por vossos merecimentos, peço-vos que me façais digno de vosso puro amor. Amo-vos sobre todas as coisas e arrependo-me do fundo de meu coração de vos ter outrora desprezado e expulsado de minha alma. Agora eu vos amo mais do que a mim mesmo, eu vos amo com todo o meu coração. Bondade infinita, eu vos amo e outra coisa não desejo senão amar-vos perfeitamente; nada temo senão ver-me afastado de vosso santo amor.

Redentor meu, fazei-me conhecer o grande bem que sois e o amor que me tivestes para assim me obrigar a vos amar. Não permitais, meu Deus, que eu seja ingrato diante de tanta bondade. Chega de vos ofender, não quero mais vos abandonar. Os anos que me restam de vida eu quero empregá-los em vos amar e agradar. Meu Jesus, meu amor, socorrei-me; ajudai um pecador que deseja vos amar e ser todo vosso.

Ó Maria, minha esperança, vosso Filho vos ouve, pedi-lhe por mim e obtende-me a graça de amá-lo perfeitamente. (PA)

Por amor, amor à mansidão

Felizes correntes, que ligais o homem a Deus, atai-me também e uni-me a Deus de maneira que não possa mais me separar de seu amor. Meu Jesus, eu vos amo; sim, eu vos amo, tesouro e vida de minha alma, e a vós me prendo e entrego todo o meu ser. Não quero deixar, meu amado Senhor, de vos amar. Para apagar meus pecados, consentistes em ser preso como um criminoso e assim ser conduzido à morte pelas ruas de Jerusalém; quisestes ser pregado na cruz e de lá descer só depois de nela deixar a vida. Pelos méritos de tantos sofrimentos, não permitais que eu me separe de vós. Arrependo-me de todo o coração de ter me afastado de vós; com vossa graça estou resolvido a antes morrer do que vos tornar a ofender.

Meu Jesus, em vós me abandono, amo-vos de todo o coração, amo-vos mais do que a mim mesmo. Na vida passada eu vos ofendi, mas agora eu me arrependo e quisera morrer de arrependimento. Eu vos peço, atraí-me todo a vós; renuncio a todas as consolações sensíveis, quero só a vós e nada

mais. Fazei que vos ame, fazei de mim o que mais vos agradar.
Maria, minha esperança, uni-me a Jesus e fazei que eu passe minha vida unido a Ele, e unido com Ele morra, para assim chegar um dia ao céu, onde já não existirá o medo de me ver separado de seu santo amor! (PA)

Quem ama Jesus nada inveja

Deus eterno, ofereço-vos todo o meu coração. Mas, meu Deus, que coração eu vos ofereço? Um coração criado para vos amar, mas que em vez de vos amar, tantas vezes se revoltou contra vós. Jesus, considerai que, se este coração vos resistiu no passado, ele está agora penetrado de dor e de arrependimento por vos haver desgostado. Sim, meu caro Redentor, arrependo-me de vos ter desprezado e estou resolvido a vos obedecer e a vos amar, custe o que custar. Atrai-me todo a vosso amor. Fazei-o por aquele amor que tivestes ao morrer por mim na cruz.
Amo-vos, meu Jesus, amo-vos com toda a minha alma, amo-vos mais do que a mim mesmo, verdadeiro e único amigo de minha

alma, porque, fora de vós, não vejo ninguém que quisesse sacrificar a vida por mim. Fazei-me chorar de dor diante de minha ingratidão para convosco. Pobre de mim, já estava perdido, mas espero que com a vossa graça me tenhais restituído a vida. De hoje em diante e para sempre, minha vida será esta: amar-vos sempre. Fazei que vos ame e nada mais vos peço.
Maria, minha mãe, aceitai-me como vosso servo e apresentai-me a Jesus, vosso divino filho. (PA)

Quem ama procura a perfeição

Meu Jesus, quero amar-vos o quanto posso. Quero ser santo para vos agradar e vos amar sempre nesta vida e na outra. Nada posso, mas vós podeis tudo; sei que me desejais como santo! Levado por vossa graça, sinto que minha alma vos quer e vos procura; não desejo viver para mim mesmo. Jesus, quereis que eu seja todo vosso e eu também quero a mesma coisa.
Sois a bondade infinita, aquele que tanto me amou. Muito me amastes e muito digno sois

de meu amor. Como poderia eu amar outra coisa, senão a vós? Prefiro vosso amor a todas as coisas do mundo; sois o único motivo e a única meta de meus afetos. Deixo tudo para me dedicar somente a vos amar, meu Criador, meu Redentor, meu Consolador, minha Esperança, meu Amor e meu Tudo.

Não quero perder a confiança, lembrando--me de meus pecados que fiz no passado. Sei que morrestes para perdoar a quem se arrepende. Agora vos amo com toda a minha alma, com todo o meu coração, e mais do que a mim mesmo. Arrependo-me de vos ter desprezado! Agora já não pertenço a mim mesmo, mas sou vosso.

Meu Deus, fazei de mim o que quiserdes. Quero aceitar, para vos agradar, todos os sofrimentos que quiserdes me mandar: doenças, dores, angústias, desprezos, pobreza, perseguições, desolações. Tudo aceito para vos agradar. Aceito também a morte que me preparastes com todas as angústias e sofrimentos que a acompanharão. Basta que me deis a graça de vos amar muito! Ajudai--me, dai-me forças para compensar com um

grande amor, nesta vida que me resta, os desgostos que vos causei no passado.
Rainha do céu, Mãe de Deus, grande advogada dos pecadores, eu confio em vós! (PA)

Quem ama não é vaidoso

Verbo Encarnado, peço-vos, pelos merecimentos da vossa santa humildade que vos fez abraçar tantos desprezos e injúrias por nosso amor, livrai-me do orgulho e dai-me parte de vossa santa humildade. Como posso me lamentar de alguma ofensa, sobretudo depois de ter merecido tantas vezes o inferno? Meu Jesus, pelos méritos de tantos desprezos que sofrestes em vossa Paixão, dai-me a graça de viver e morrer humilhado nesta terra, como vos dignastes viver e morrer humilhado por amor de mim. Por vosso amor desejaria ser desprezado e abandonado por todos; mas sem vós nada posso fazer. Amo-vos, meu Deus, amo-vos como o tudo de minha vida. Estou resolvido e espero, com vossa graça, sofrer tudo por vós: ofensas, traições, perseguições, dores, solidão, abandono. Basta que não me abando-

neis, vós, o único bem de minha vida. Não deixeis que me afaste de vós. Dai-me o desejo de vos agradar, o entusiasmo em vosso amor, calma nos sofrimentos, paciência em todas as contrariedades. Tende piedade de mim. Nada mereço, mas espero tudo de vós, pois me remistes com vosso sangue.
Tudo espero de vós, Maria, minha Mãe e Rainha, porque sois o refúgio dos pecadores! (PA)

Quem o ama só a ele ambiciona

Meu Jesus, dai-me a ambição de vos agradar e fazei-me esquecer a todas as criaturas e até a mim mesmo. O que me adianta ser amado por todo o mundo, se não sou amado por vós, o tudo de minha vida? Jesus, viestes a este mundo para ganhar os nossos corações. Se eu não sei vos dar o meu coração, tomai-o vós; enchei-o de vosso amor e não permitais que me separe de vós.
Na vida passada, virei as costas para vós, mas agora, vendo o mal que fiz, arrependo-me de coração e nada me aflige tanto como a lembrança das ofensas que vos fiz. Conso-

la-me o saber que sois a bondade infinita e amais um pecador que vos ama.

Meu Redentor, o tudo de minha vida, no passado, é verdade que vos desprezei, mas agora vos amo mais do que a mim mesmo. Ofereço-me a vós e ofereço a vós todas as coisas; não tenho outro desejo senão o de vos amar e vos dar alegria. Esta é a minha ambição, aceitai-a, destruí em mim todo o desejo dos bens terrenos. Sois mais digno de ser amado e tendes o direito a meu amor. Eis-me aqui, quero vos pertencer, quero sofrer tudo o que for de vossa vontade, já que, por meu amor, morrestes de dor em uma cruz. Quereis que eu seja santo, podeis fazer-me santo; em vós confio.

Maria, grande Mãe de Deus, eu confio também em vossa proteção. (PA)

Quem ama desapega-se de tudo

Meu Deus e meu tudo. Apesar de minhas ingratidões e negligências em vos servir, continuais a me atrair a vosso amor. Aqui estou, já não quero resistir. Quero renunciar a tudo para pertencer só a vós. Além de tudo, vós me tendes obrigado a vos amar. Eu me encantei convosco e quero vossa amizade. Como posso amar outra coisa, depois de vos ter visto morrer de dor em uma cruz para me salvar? Como poderei contemplar-vos morto, consumido nos sofrimentos, sem vos querer bem com todo o meu coração? Sim, Redentor meu, amo-vos com toda a minha alma e não tenho outro desejo senão vos amar nesta vida e por toda a eternidade.

Jesus, minha esperança, minha força e meu consolo, dai-me força para que eu vos seja fiel. Dai-me luz, fazei-me conhecer as coisas de que devo me desapegar; ajudai-me para que em tudo eu queira vos obedecer.

Jesus, eu me ofereço e me abandono inteiramente em vós, satisfazendo o desejo que tendes de unir-vos comigo, a fim de unir-me convosco, meu Deus e meu tudo! Vinde Jesus, possuí todo o meu ser, atraí para vós todos os meus pensamentos e todos os meus afetos!

Renuncio a todos os meus caprichos, a todas as consolações, a todas as criaturas; só vós me bastais. Dai-me a graça de não pensar senão em vós, não desejar senão a vós, não buscar senão a vós, meu Deus e único bem. Maria, Mãe de Deus, alcançai-me a santa perseverança! (PA)

Quem ama não se irrita

Meu Jesus desprezado, amor e alegria de minha vida. Com vosso exemplo, tornastes possível aos que vos amam, amar também os desprezos. De hoje em diante, eu vos prometo sofrer, por vosso amor, todas as ofensas, já que por meu amor fostes tão injuriado pelos homens, neste mundo. Dai-me forças para realizá-lo, fazei-me conhecer e praticar tudo o que desejais de mim. Meu Deus e meu tudo, não quero procurar outro bem fora de vós, bondade infinita. Vós que cuidais tanto de meu progresso, fazei que eu não tenha outro cuidado senão o de vos dar alegria. Fazei que meus pensamentos sejam empregados sempre em fugir de tudo o que vos ofenda, em procurar o modo de vos agradar em tudo. Afastai de mim toda a ocasião que me afaste de vosso amor. Privo-me de minha liberdade e a consagro toda a vossa divina vontade.

Eu vos amo, bondade sem-fim. Verbo encarnado, amo-vos mais do que a mim mesmo. Tende piedade de mim e curai todas as feridas de que sofre minha alma por causa das ofensas que vos fiz. Abandono-me inteiramente em vossos braços, meu bom Jesus: quero vos pertencer, quero sofrer por vosso amor; só a vós desejo. Maria, Virgem santa e minha Mãe, eu vos amo e em vós confio. Socorrei-me com a vossa poderosa intercessão! (PA)

Quem o ama só quer o que ele quer

Fora de vós, o que há para mim no céu? Se vos possuo, nada mais me atrai na terra... A rocha de meu coração e minha herança eterna é Deus. Redentor meu, digno de ser amado infinitamente, descestes do céu para vos dar todo a mim. A quem devo procurar na terra ou no céu senão a vós, o maior bem, o único bem de ser amado? Sede, portanto, o único Senhor de meu coração, apossai-vos dele. Que minha alma só a vós ame, a vós obedeça, a vós procure agradar. Gozem os outros das riquezas deste mundo; eu quero só a vós. Sois e sereis minha riqueza nesta vida e na eternidade.

Dou-vos, meu Deus, inteiramente meu coração e toda a minha vontade. Ela vos foi rebelde em tempos passados, mas agora eu a consagro toda a vós. "Senhor, que quereis que eu faça?" Dizei-me o que quereis de mim e ajudai-me, porque eu quero fazer tudo. Disponde de mim e de todas as minhas coisas como for de vosso agrado. Tudo aceito, a tudo me conformo.

Jesus, merecedor de um amor infinito, amastes-me até morrer por mim; eu vos amo de todo o meu coração, mais do que a mim mesmo e em vossas mãos entrego minha alma.

Hoje, renuncio a todo o afeto mundano, a toda a criatura e me entrego todo a vós. Aceitai-me pelos méritos de vossa paixão, tornando-me fiel até a morte.

Meu Jesus, de hoje em diante quero viver só para vós, não quero amar senão a vós, nem buscar coisa senão cumprir vossa vontade divina. Assisti-me com vossa graça, ajudai-me... Socorrei-me também, Maria, minha esperança, com vossa proteção. (PA)

Tudo se sofre por quem se ama

Senhor, estou convencido que, sem sofrer com paciência, não posso ganhar o céu. Dele é que vem – dizia Davi – minha paciência. O mesmo quero dizer. Vós me dareis a paciência para sofrer. Quero aceitar com tranquilidade todas as tribulações, mas depois, quando elas chegam, encho-me logo de tristeza e desânimo. Dessa forma sofro sem méritos e sem amor, porque não sei ainda sofrer para vos agradar. Por isso, meu Jesus, eu vos peço, pelos merecimentos de vossa paciência, a graça de sofrer todas as cruzes por vosso amor. Eu vos amo de todo o meu coração, divino Redentor. Eu vos amo, meu sumo bem; amo-vos, Jesus, digno de um amor infinito.

Arrependo-me de todo o coração e de todos os desgostos que vos tenho dado. Prometo-vos aceitar com resignação todos os sofrimentos que me enviardes; mas espero de vós o socorro para sofrer com paciência, especialmente as dores de minha agonia e de minha morte.

Maria, minha Rainha, alcançai-me uma verdadeira resignação em tudo o que ainda tenha de sofrer na vida e na morte. (PA)

Quem ama acredita no amado

Meu amado Redentor, vida de minha alma, eu creio que sois o único bem de ser amado. Creio que sois aquele que me tendes mais amor, porque chegastes a morrer consumido de dores por mim, só por amor.

Creio que nem nesta vida nem na outra, não há maior felicidade do que vos amar e fazer vossa vontade. Tudo isso creio firmemente e, por isso, a tudo renuncio para ser todo vosso e só a vós possuir. Ajudai-me pelos méritos de vossa paixão e fazei-me ser como desejais que eu seja.

Verdade infalível, eu creio em vós. Misericórdia infinita, eu confio em vós. Bondade infinita, eu vos amo. Amor infinito que vos destes todo a mim em vossa paixão e no sacramento da Eucaristia, eu me dou todo a vós.

Também a vós me recomendo, Maria, Mãe de Deus, refúgio dos pecadores. (PA)

Quem ama tudo espera

Meu Deus, meu Criador e Redentor, vós me criastes e me remistes para me levardes ao paraíso. Ofendendo-vos tantas vezes, renunciei abertamente ao céu e me contentei de me ver condenado. Bendita seja sempre vossa infinita misericórdia que, tendo-me perdoado – como espero – livrou-me tantas vezes do inferno! Meu Jesus, quem me dera nunca vos ter ofendido e vos ter sempre amado. Consola-me que ainda tenho tempo de vos amar.

Amo-vos com todo o meu coração, mais do que a mim mesmo. Vejo que me quereis salvar para que vos ame por toda a eternidade, naquele reino de amor. Agradeço-vos e vos peço vosso auxílio na vida que me resta, pois quero vos amar muito nesta terra, para depois vos amar eternamente no céu.

Meu Jesus, quando chegará o dia em que me verei livre do perigo de jamais vos perder, e cheio de afeto para convosco à vista de vossa beleza in- finita, ver-me-ei obrigado a vos amar? Feliz obrigação! Feliz obrigação que me

livrará de todo o temor de vos ofender e me fará amar-vos com todas as minhas forças!
Minha consciência me amedronta dizendo: "Como queres aspirar ao céu?" Mas vossos merecimentos, meu querido Redentor, são a minha esperança.
Maria, Rainha do paraíso, vossa proteção junto de Deus é todo-poderosa, em vós confio! (PA)

Quem ama vence as tentações

Jesus, meu Redentor, espero por vosso sangue que me tenhais perdoado todas as ofensas que vos fiz. Espero um dia ir vos dar graças no paraíso, onde cantarei eternamente as misericórdias do Senhor.
Vejo que em minha vida passada, caí e tornei a cair miseravelmente, porque me descuidei de vos pedir a perseverança em vossa graça. É essa perseverança que vos suplico: Não permitais que eu me separe de vós. Faço o propósito de pedir sempre, especialmente quando me vir tentado a vos defender. Jesus, assim proponho e prometo.

Mas de que me servirá esse propósito e essa promessa, se não me derdes a graça de recorrer a vós? Pelos méritos de vossa paixão, concedei-me a graça de sempre me recomendar a vós em todas as minhas necessidades. Maria, minha Mãe e minha Rainha, pelo amor que tendes a Jesus Cristo, eu vos suplico que me alcanceis a graça de recorrer sempre a vosso Filho e a vós mesma em toda a minha vida. (PA)

Quem ama suporta a aridez

Jesus, minha esperança, minha felicidade, amor único de minha alma, não mereço vossas consolações. Reservai-as para as almas inocentes que sempre vos amaram. Eu, como pecador, sou indigno delas, não vô-las peço. Eis o que desejo: fazei que eu vos ame e cumpra vossa vontade em toda a minha vida; depois disponde de mim como vos aprouver. Pobre de mim! Por minhas ofensas bem mereci outras trevas, outros temores, outros abandonos. Deveria estar no inferno, onde, separado de vós e rejeitado para sempre, teria de chorar eternamente sem poder vos amar. Jesus, aceito qualquer pena, mas não essa. Mereceis um amor infinito, e muito me obrigastes a vos amar; não poderia viver sem vos amar.

Eu vos amo, Bondade infinita, amo-vos de todo o meu coração e mais do que a mim mesmo. Amar-vos é meu único desejo. Sei que essa boa vontade é puro dom de vossa graça; mas, Senhor, terminai esta obra, sede sempre meu apoio até a morte, não me abandoneis a mim mesmo. Dai-me força para vencer as tentações e a mim mesmo; para isso, fazei que me recomende sempre a vós. Quero ser todo vosso. Dou-vos meu corpo, minha alma, minha vontade, minha liberdade. Não quero mais viver para mim, mas só para vós, meu Criador e Redentor, "meu Deus e meu tudo". Eu quero tornar-me santo e isso espero de vossa graça. Mortificai-me como quiserdes, privai-me de tudo, contanto que me concedais vossa graça e vosso amor.

Maria, esperança dos pecadores, sois tão poderosa junto de Deus! Tenho grande confiança em vossa intercessão; por vosso amor a Jesus Cristo, eu vos suplico: ajudai-me e fazei-me santo! (PA)

SAGRADO CORAÇÃO DE JESUS

Coração amável de Jesus

Meu amável Redentor, que objeto mais digno de amor vosso eterno Pai podia mandar que eu amasse, a não ser vós? Sois a beleza do paraíso, sois o amor de vosso Pai, em vosso coração estão todas as virtudes. Coração amável de meu Jesus, bem mereceis o amor de todos os corações. Pobre e infeliz o coração que não vos ama! Esse infeliz, ó Deus, era o meu coração, todo o tempo que não vos amei. Não quero, porém, continuar sendo tão infeliz; eu vos amo e quero amar-vos sempre, meu Jesus.

Senhor, no passado esqueci-me de vós. E agora, que espero? Quero talvez obrigar-vos com minha ingratidão a vos esquecer totalmente de mim e abandonar-me? Não, meu caro Salvador, não o permitais. Sois o amor de um Deus, e não havereis de ser o amor de um mísero pecador como eu, tão favorecido e amado por vós? Belas chamas que ardeis no Coração enamorado de meu Jesus, acendei no meu pobre coração esse santo e feliz fogo, que Jesus veio acender na terra. Incinerai e destruí todos os afetos impuros que vivem em meu coração e o impedem de ser todo vosso.

Fazei, meu Deus que ele não viva senão para amar somente a vós, meu caro Redentor. Se houve tempo em que vos desprezei, sabei que agora sois meu único amor. Eu vos amo, eu vos amo, eu vos amo e a ninguém quero amar senão a vós. Meu amado Senhor, não recuseis aceitar que vos ame um coração que, houve tempo, vos amargurou. Seja vossa glória mostrar aos anjos que arde de amor por vós um coração que no passado fugiu de vós e vos desprezou.

Maria, Virgem Santíssima, Mãe e esperança minha, ajudai-me. Rogai a Jesus que, por sua graça, me faça como ele me quer. (CJ)

Coração amante de Jesus

Coração adorável de meu Jesus, Coração enamorado da humanidade. Coração criado de propósito para amar, como podeis ser tão mal correspondido e tão desprezado? Miserável de mim, que também tenho sido um desses ingratos que não vos soube amar! Perdoai-me, meu Jesus, este grande pecado de não ter amado a vós que sois tão amável e tanto me tendes amado, de modo que nada mais vos resta fazer para obrigar-me a vos amar. Vejo que, por ter no passado renunciado ao vosso amor, mereceria ser condenado a nunca mais poder amar-vos. Mas, não, meu caro Salvador, dai-me qualquer castigo menos esse. Dai-me a graça de vos amar, e depois castigai-me como quiserdes. Como posso, porém, temer castigo se vejo que continuais a me impor esse doce e caro mandamento de vos amar, a vós meu Senhor e Deus? "Amarás o Senhor teu Deus de todo o coração" (Dt 6,5; Mt 22,37) Sim, meu Deus, quereis ser amado por mim e eu vos quero amar; aliás, somente a vós quero amar, que tanto me tendes amado. Amor de meu Jesus, sois o amor de minha vida. Coração ardente de Jesus, inflamai ainda mais meu coração. Não permitais que no futuro tenha, por um momento sequer, de viver sem vosso amor; mandai-me antes a morte, destruí-me; não deixeis que o mundo veja tão horrenda ingratidão, que eu, tão amado por vós, depois de tantas graças e inspirações, torne ainda a desprezar vosso amor. Não, meu Jesus, não o permitais. Pelo sangue que derramastes por mim, espero que sempre vos hei de amar e que sempre me amareis. Esse amor entre mim e vós não se romperá jamais, por toda a eternidade.

Mãe do belo amor, Maria, vós que tanto desejais ver Jesus amado, prendei-me, amarrai-me estreitamente a vosso Filho; prendei-me tão fortemente, que jamais dele venha a me separar. (CJ)

Coração de Jesus ansioso de ser amado

Meu caro Redentor, eu vos direi com Santo Agostinho: mandais que vos ame, e se não vos amo ameaçais-me com o inferno; mas que inferno mais horrível, que desgraça maior pode acontecer-me que ser privado de vosso amor? Se, pois, quereis meter-me medo, basta ameaçar-me de viver sem vos amar, e essa ameaça há de me apavorar mais que mil infernos. Se em meio às chamas do inferno os condenados pudessem arder de amor por vós, meu Deus, o inferno se tornaria um paraíso. E, pelo contrário, se os santos no céu não vos pudessem amar, o paraíso seria um inferno. É o que disse Santo Agostinho.

Bem vejo, meu amado Senhor, que por meus pecados mereceria ser abandonado por vossa graça e condenado a já não poder amar-vos. Sei, porém, que continuais a ordenar que vos ame, e tenho um grande desejo de vos amar. Esse meu desejo é um dom de vossa graça, vem de vós. Dai-me, pois, a força para o fazer; que de agora em diante, de fato e de todo o coração, eu vos diga e repita sempre: Meu Deus, eu vos amo, eu vos amo, eu vos amo. Quereis meu amor, e eu quero

o vosso. Esquecei, pois, meu Jesus, os desgostos que vos dei no passado; amemo-nos sempre: eu não vos deixarei, vós não me deixareis. Sempre me amareis e eu sempre vos amarei. Meu caro Salvador, vossos méritos são minha esperança. Fazei-vos amar sempre, e fazei-vos amar muito por um pecador que muito vos ofendeu.
Virgem Imaculada, Maria, ajudai-me, rogai a Jesus por mim. (CJ)

Coração sofredor de Jesus

Meu adorado e querido Jesus, aqui está a vossos pés quem tanto magoou vosso amabilíssimo Coração. Meus Deus, como pude amargurar tanto esse Coração que tanto me tem amado, e que nada deixou de fazer para ser amado por mim! Mas, direi, consolai-vos, meu Salvador; ficai sabendo que meu coração, conquistado pela graça de vosso santo amor, agora se arrepende tanto de vos ter desgostado que gostaria morrer de dor. Que bom se alguém me pudesse dar, meu Jesus, uma dor tão grande por meus pecados como a que eles vos deram durante vossa vida!

Eterno Pai, eu vos ofereço a pena e o desgosto que vosso Filho sentiu por minhas culpas. E peço que me deis uma dor tão grande pelas ofensas que vos fiz, que me faça viver sempre aflito e a sofrer por ter desprezado vossa amizade.

E vós, meu Jesus, de hoje em diante, dai-me um tal horror do pecado que me faça detestar até as culpas mais leves, sabendo que desagradam a vós que não mereceis desgosto nem grande nem pequeno, mas apenas amor infinito. Meu amado Senhor, agora detesto tudo que vos desagrada, e no futuro não quero amar senão a vós e o que amais. Ajudai-me, dai-me força; dai-me a graça de sempre vos invocar, meu Jesus, e de vos repetir sempre este pedido: Meu Jesus, dai-me vosso amor, dai-me vosso amor, dai-me vosso amor.

E vós, Maria Santíssima, obtende para mim a graça de vos pedir sempre e sempre vos dizer: Minha Mãe, fazei-me amar Jesus Cristo. (CJ)

Coração misericordioso de Jesus

Coração misericordioso de meu Jesus, tende piedade de mim: "Dulcíssimo Jesus, tende piedade de mim". Eu o digo agora e peço a graça de o dizer sempre: "Dulcíssimo Jesus, tende piedade de mim". Antes de vos ter ofendido, meu Redentor, certamente não merecia qualquer uma das tantas graças que me destes. Vós me criastes, vós me concedestes tantas luzes; tudo sem nenhum merecimento meu. Mas, depois que vos ofendi, não só não merecia favores, mas sim ser abandonado por vós e o inferno. Vossa misericórdia fez que me esperásseis, conservando minha vida quando já estava separado de vossa graça. Vossa misericórdia iluminou-me e convidou para o perdão; deu-me a dor por meus pecados e o desejo de vos amar. Agora espero, por vossa misericórdia, estar em vossa graça. Não deixeis, meu Jesus, de continuar a ter piedade de mim. A misericórdia que vos peço é que me deis luz e força para não mais vos ser ingrato. Não, meu amor, não pretendo que me perdoeis ainda se vos voltar as costas. Seria uma presunção que

não vos permitiria ter misericórdia de mim. E que piedade poderia ainda esperar de vós, se ingrato novamente desprezasse vossa amizade e me separasse de vós? Não, meu Jesus, eu vos amo e quero amar-vos sempre. E esta é a misericórdia que de vós espero e vos rogo: "Não permitais que me separe de vós, não permitais que me separe de vós".
Também a vós eu peço, Maria minha mãe, não permitais que ainda me separe de meu Deus. (CJ)

Coração generoso de Jesus

Meu Jesus, não vos recusastes a dar por mim vosso sangue e vossa vida. E eu me recusarei a vos dar meu miserável coração? Não, meu querido redentor, eu vos ofereço tudo e toda a minha vontade. Aceitai-a e disponde de mim como quiserdes. Nada tenho e nada posso, mas tenho este coração que me destes, que ninguém pode tirar-me. Podem tirar-me as coisas, o sangue, a vida, não porém o coração. Com esse coração eu posso amar-vos, com ele quero amar-vos.

Ensinai-me vós, meu Deus, o total esquecimento de mim mesmo; ensinai-me que devo fazer para chegar ao vosso puro amor, cujo desejo por bondade me inspirastes. Tenho vontade decidida de vos agradar; mas, para isso espero e peço vossa ajuda. Cabe a vós, Coração amante de Jesus, fazer que seja todo vosso meu pobre coração, que no passado foi tão ingrato a vós e, por sua culpa, ficou sem vosso amor. Fazei que este meu coração arda todo por vós, como o vosso arde tanto por mim. Fazei que minha vontade esteja totalmente unida à vossa, de modo que eu nada queira senão o que quereis. Que a partir de agora vossa santa vontade seja a regra de todas as minhas ações, de todos os meus pensamentos e desejos. Espero, Senhor, que não me negareis vossa graça, para pôr em prática esta resolução que hoje faço a vossos pés, de abraçar na maior paz tudo que dispuserdes quanto a mim e a minhas coisas, tanto em minha vida como em minha morte. Feliz vós, Maria imaculada, que tivestes o coração sempre e totalmente conforme o Coração de Jesus! Minha mãe, rogai por mim, para que no futuro nada queira nem deseje senão o que Jesus e vós quereis. (CJ)

Coração agradecido de Jesus

Meu amado Jesus, aqui está a vossos pés o ingrato. Sou grato às criaturas; só convosco tenho sido ingrato. Convosco que morrestes por mim, e que nada mais poderíeis fazer para me obrigar a vos amar. Consola-me e dá-me ânimo estar diante de um Coração de bondade e misericórdia infinita. Coração que se compromete a esquecer todas as ofensas de um pecador que se arrepende e o ama. Meu caro Jesus, no passado eu vos ofendi e desprezei. Agora, porém, eu vos amo mais que tudo, mais do que a mim mesmo. Dizei-me o que quereis de mim, pois estou pronto a tudo fazer com vossa graça. Creio que me criastes e destes sangue e vida por meu amor; creio que por mim estais no Santíssimo Sacramento. Eu vos agradeço tudo isso, meu amor. Não permitais que no futuro ainda vos seja ingrato depois de tantos favores e demonstrações de amor. Prendei-me, estreitai-me ao vosso Coração, e não permitais que, na vida que me resta, ainda vos desgoste e amargure. Basta, Jesus, o quanto vos tenho ofendido; agora quero amar-vos. Ah se pudesse ter de volta os anos perdidos! Eles, porém, não retornam, e pouca será a vida que me resta; seja curta ou longa, meu Deus, quero gastar todo o tempo que me resta a vos amar, a vós sumo bem, que mereceis um amor eterno e infinito.

Maria, minha mãe, não permitais que ainda seja ingrato a vosso Filho; rogai a Jesus por mim.

Coração desprezado de Jesus

Coração de meu Jesus, abismo de misericórdia e amor, à vista de vossa bondade comigo e de minha ingratidão, como posso não morrer consumido de dor? Vós, meu Salvador, tendo-me dado o ser, destes-me vosso sangue e vossa vida, ao vos abandonar aos insultos e à morte por amor de mim. Não contente com isso, encontrastes ainda o modo de vos sacrificar por mim todo dia na Eucaristia. Mesmo vos expondo, nesse Sacramento de amor, a injúrias que bem podíeis prever. Meu Deus, como posso ver-me tão ingrato sem morrer de vergonha? Senhor, dai fim às minhas ingratidões, feri meu coração com vosso amor e fazei-me todo vosso. Lembrai-vos do sangue e das lágrimas que derramastes por mim, e perdoai-me. Que não se perca quanto sofrestes por mim.

Mesmo tendo visto quanto vos sou ingrato e indigno de vosso amor, não deixastes de me amar, mesmo quando não vos amava, nem queria vosso amor. Quanto mais, pois, devo esperar vosso amor agora que nada quero nem aspiro senão amar-vos e ser amado por vós? Satisfazei este meu desejo, ou melhor o vosso desejo, porque sois vós que o dais a mim. Fazei que este dia seja o dia de minha conversão completa, assim que comece a vos amar, para não cessar jamais de vos amar meu sumo bem. Fazei que eu morra de todo para mim mesmo, para não viver senão para vós, e arder sempre de vosso amor.

Maria, vosso coração foi altar bendito, sempre inflamado do divino amor. Minha mãe querida, fazei-me semelhante a vós. Rogai por mim a vosso Filho, cujo gosto é honrar-vos não vos negando nada de quanto lhe pedis. (CJ)

Coração fiel de Jesus

Meu caro Redentor, que bom se eu vos tivesse sido fiel como tendes sido fiel a mim! Sempre que abri meu coração, viestes a ele para me perdoar e acolher em vossa graça. Sempre que vos chamei viestes depressa em minha ajuda. Fostes fiel a mim, mas eu vos tenho sido infiel demais. Prometi que haveria de vos servir, e tantas vezes vos voltei as costas. Eu vos prometi meu amor, e tantas vezes vô-lo neguei, como se vós, meu Deus que me criastes e remistes, fosseis menos digno de ser amado que as criaturas e aqueles míseros caprichos pelos quais vos deixei.

Perdoai-me, meu Jesus. Reconheço e detesto minha ingratidão. Reconheço que sois a bondade infinita, que merece amor infinito, especialmente de mim, que tanto amastes, mesmo depois de vos ter ofendido tanto. Pobre de mim se me condenasse! Meu Deus, as graças que me destes e as provas de afeto especial, que mostrastes por mim, seriam o inferno de meu inferno. Não, meu amor, tende piedade de mim; não permitais que eu ainda vos deixe e que, condenando-me como mereço, tenha de continuar no inferno a pagar com injúrias o amor que tivestes por mim.

Coração enamorado e fiel de Jesus, inflamai meu mísero coração, para arder por vós como ardeis por mim. Meu Jesus, parece-me agora que vos amo, mas vos amo pouco; fazei que vos ame bastante e vos seja fiel até a morte. Essa graça eu vos peço, com a graça de a pedir sempre. Fazei que morra antes que venha a vos trair de novo.

Maria, minha mãe, ajudai-me a ser fiel a vosso Filho. (CJ)

EUCARISTIA

Creio, Senhor, que estais aqui

Senhor meu Jesus Cristo, que, por amor dos homens ficais, dia e noite, nesse sacramento, cheio todo de misericórdia e amor, esperando, chamando e acolhendo todos os que vêm visitar-vos, eu creio que estais presente no sacramento do altar. Adoro-vos do abismo do meu nada e graças vos dou por todos os vossos benefícios, especialmente por vos terdes dado a mim nesse sacramento, por me haverdes concedido por advogada Maria, vossa Mãe santíssima e, finalmente, por me haverdes chamado a visitar-vos nesta igreja. Saúdo hoje o vosso Coração amantíssimo e quero saudá-lo por três fins: primeiro em agradecimento pelo grande dom de vós mesmo; segundo em reparação das injúrias que tendes recebido, nesse sacramento, de todos os vossos inimigos; terceiro na intenção de vos adorar, por esta visita, em todos os lugares da terra, onde vós, nesse divino sacramento, estais menos reverenciado e mais abandonado.

Meu Jesus, amo-vos de todo o meu coração. Arrependo-me de, no passado, ter ofendido tantas vezes a vossa bondade infinita. Proponho com a vossa graça não mais vos ofender no futuro. E, nesta hora, miserável como sou, consagro-me todo a vós, e vos dou e entrego a minha vontade, os meus afetos, os meus desejos, e tudo o que me pertence. Daqui em diante fazei de mim, e de tudo o que é meu, o que vos aprouver. Somente vos peço e quero o vosso santo amor, a perseverança final e o perfeito cumprimento da vossa vontade.

Recomendo-vos as almas do purgatório, especialmente as mais devotas do Santíssimo Sacramento e da Santíssima Virgem Maria. Recomendo-vos, também, todos os pobres pecadores. Enfim, amado Salvador meu, uno todos os meus afetos aos afetos do vosso Coração amantíssimo e, assim unidos, eu os ofereço a vosso eterno Pai, pedindo-lhe em vosso nome e por vosso amor se digne de os aceitar e atender. (VS)

Comunhão Espiritual

Creio, meu Jesus, que estais presente no Santíssimo Sacramento. Amo-vos sobre todas as coisas e desejo possuir-vos em minha alma. Mas como agora não posso receber-vos sacramentalmente, vinde ao menos espiritualmente ao meu coração. E, como se vos tivesse já recebido, uno-me inteiramente a vós; não consintais, Senhor, que de vós jamais me aparte. (VS)

Venho, Senhor, a vossa procura

Aqui estou, meu Senhor e meu Deus, perante esse altar, onde vos conservais dia e noite por meu amor. Sois a fonte de todos os bens, o médico para todos os males, o tesouro de todos os pobres: aos vossos pés está hoje um pecador, de todos o mais pobre e enfermo, que implora vossa piedade; tende compaixão de mim. Vendo-vos neste sacramento, descido do céu só para me fazer bem, não quero desanimar à vista de minha miséria. Eu vos louvo, agradeço e amo; e se desejais que vos peça uma esmo-

la, eis a minha súplica; peço-vos a graça de não mais vos ofender e de amar-vos com todas as minhas forças. Senhor, eu vos amo de toda a minha alma; amo-vos com todos os meus afetos: fazei que eu diga isto com verdade e o repita sempre nesta vida e por toda a eternidade.
Maria Santíssima, meus santos padroeiros, e vós, bem-aventurados todos do paraíso, ajudai-me a amar meu Deus amabilíssimo.
— Jesus, bom pastor e verdadeiro pão de vida, compadecei-vos de nós. Sede vós mesmo nosso sustento e nossa defesa, e guiai-nos para a morada da felicidade, para a terra dos vivos. (VS)

Quero amar-vos, Senhor

Deus de amor, amor de minha alma, quando me verei todo vosso de verdade e não só de palavra? Em vós está, Senhor, o aumentar em mim a confiança de, pelos merecimentos do vosso sangue, alcançar a graça de ser todo vosso, dever-me, antes de morrer, ser todo vosso e não mais de mim mesmo.

Jesus, vós ouvis as súplicas de todos os homens; ouvi hoje a prece duma alma que vos quer amar verdadeiramente. Quero amar-vos com todas as minhas forças e obedecer-vos em tudo, sem interesse, sem consolações, sem recompensa. Quero servir-vos só por amor, só para vos dar gosto, só para comprazer vosso coração, que tão apaixonadamente me ama. Minha recompensa será amar-vos. Filho amado do Pai Eterno, apoderai-vos de minha liberdade, de minha vontade, de tudo o que é meu, de minha própria pessoa e dai-vos a mim. Eu vos amo, eu vos busco, por vós suspiro e só a vós quero, sim, só a vós.
— Meu Jesus, fazei que eu seja todo vosso. (VS)

Sois minha alegria

Qual não deve ser minha alegria, Verbo eterno feito homem e sacramentado por meu amor, ao saber que estou diante de vós, que sois meu Deus, a majestade e bondade infinita, que tanto amais minha alma!

Almas que amais a Deus, onde quer que estejais, no céu ou na terra, amai-o também por mim. Maria, minha Mãe, ajudai-me a amá-lo. E vós, amadíssimo Senhor, tornai-vos o único objeto de todo o meu amor. Apoderai-vos de minha vontade e possuí-me por completo. Consagro-vos meu espírito, a fim de que pense sempre em vossa bondade; consagro-vos meu corpo, para que me ajude a vos agradar; consagro-vos minha alma para que seja toda vossa. Eu quisera, amado de minha alma, que todos os homens conhecessem a ternura do amor que lhes tendes, a fim de que só vivessem para vos honrar e comprazer como o desejais e mereceis. Que ao menos eu viva sempre encantado com vossa beleza infinita! Daqui por diante, quero fazer quanto possa para vos agradar. Proponho deixar tudo o que conheça não ser de vosso agrado, custe o que custar, embora tenha de perder tudo, até a própria vida. Feliz de mim, ainda que perca tudo, contanto que vos possua, meu Deus, meu tesouro, meu amor, meu tudo!

— Jesus, meu amor, tomai-me, possuí-me todo. (VS)

É bom saber que estais aqui

Ó santa fé, graças vos dou por me ensinardes e dardes a certeza que no sacramento do altar, nesse pão celeste, não há mais pão, pois nele está meu Senhor Jesus Cristo e aí está todo por meu amor. Meu Senhor e meu tudo, creio que estais presente no Santíssimo Sacramento. Embora oculto aos olhos mortais, reconheço-vos, com a luz da santa fé, na hóstia consagrada, pelo soberano do céu e da terra e Salvador do mundo. Meu bom Jesus, como sois minha esperança, minha salvação, minha força e minha consolação, assim quero que sejais também todo o meu amor e objeto único de todos os meus pensamentos, desejos e afetos. Mais prazer encontro ao considerar a infinita felicidade de que gozais e gozareis eternamente, do que se possuísse todos os bens possíveis nesta e na outra vida.

Minha maior felicidade, meu amado Redentor, é saber que sois plenamente feliz e que vossa felicidade é infinita. Reinai, pois, Senhor, reinai vós só em minha alma; eu vo-la dou toda, tomai posse dela para sempre. Minha vontade, meus sentidos e todas as minhas potências sejam escravas de vosso amor, e não sirvam neste mundo senão para vos dar gosto e glória. Assim foi vossa vida, Mãe do meu Jesus, que fostes a primeira a amá-lo neste mundo. Maria Santíssima, assisti-me e obtende-me a graça de viver daqui por diante como vós vivestes, sempre feliz, pertencendo inteiramente a Deus.

— Meu Jesus, seja eu todo vosso e vós todo meu. (VS)

Quero o que quereis

Meu Jesus, eu quero contentar-vos: consagro-vos, pois, toda a minha vontade e todos os meus afetos. Majestade infinita de um Deus, ficastes neste divino sacramento não só para estardes perto de nós, mas principalmente para vos comunicardes às almas que amais. Mas, Senhor, quem ousará aproximar-se para se alimentar de vossa carne? Por outro lado, quem poderá afastar-se de vós? Justamente

para vos unirdes conosco, e possuirdes nossos corações, é que estais oculto na hóstia consagrada. Sim, ardeis em desejo de ser recebido por nós e vosso prazer é estar unido conosco. Vinde, pois, meu Jesus, vinde; desejo receber-vos em meu peito para que sejais o Deus de meu coração e de minha vontade. Meu querido Redentor, por vosso amor dou tudo quanto possuo: satisfações, prazeres, vontade própria, tudo vos dou... Amor, ó Deus de amor, reinai sobre mim, triunfai de mim; destruí e sacrificai em meu ser tudo o que for meu e não vosso. Não consintais, meu amor, que a minha alma, cheia da majestade de um Deus, depois de vos haver recebido na sagrada comunhão, venha a aferrar-se ainda às criaturas. Amo-vos, meu Deus, amo-vos, e só a vós quero amar.
— Atraí-me, Senhor, pelos meigos laços de vosso amor. (VS)

Quero ser todo vosso

Verbo divino, meu Jesus, vejo-vos sobre o altar, imolado, aniquilado e destruído por meu amor; é, pois, muito Justo que, como vos tornais vítima de amor por mim, assim eu me consagre e sacrifique todo a vós. Sim, meu Deus e meu soberano Senhor, sacrifico-vos hoje toda a minha alma, todo o meu ser, toda a minha vida. Este meu pobre sacrifício eu o associo, Pai eterno, ao sacrifício infinito que Jesus Cristo, vosso Filho e meu Salvador, vos fez de si mesmo outrora na cruz, e que renova ainda, cada dia, tantas vezes, sobre os altares. Aceitai-o, pois, pelos merecimentos de Jesus, e concedei-me a graça de o renovar todos os dias da minha vida, e de morrer sacrificando-me todo em honra vossa. Desejo a graça, a tantos mártires concedida, de morrer por vosso amor. Mas, se não sou digno de tamanho favor, ao menos concedei-me, Senhor, o de vos sacrificar de boa vontade minha vida, aceitando desde já a morte que vos aprouver enviar-me. Senhor, eis a graça que desejo: morrer para vos honrar e ser-vos agradável. E, por isso, desde já vos sacrifico minha vida e vos ofereço minha morte, de qualquer forma e em qualquer tempo que ela venha.

— Meu Jesus, quero morrer para vos ser agradável. (VS)

Pelo amor vós nos prendeis

Bom Jesus, pelos amáveis laços de vosso amor, atraí-me todo a vós. Prefiro viver unido a vós a ser senhor de toda a terra. Nada desejo neste mundo senão amar-vos. Pouco é o que vos posso dar; mas, se pudesse ter todos os reinos do mundo, não os quisera senão para renunciá-los todos por vosso amor. Por vosso amor renuncio, pois, a tudo que possuo: a todos os meus parentes, a todas as comodidades, a todos os prazeres e até mesmo às consolações espirituais; numa palavra, sacrifico-vos minha liberdade, minha vontade. Quero dar-vos todos os meus afetos. Amo-vos, bondade infinita, amo-vos mais que a mim mesmo e espero amar-vos eternamente.
— Meu Jesus, entrego-me a vós, recebei-me. (VS)

Pão de vida

Deus sacramentado, pão dos anjos e alimento divino, eu vos amo; mas, nem vós nem eu ficamos satisfeitos com esse amor. Amo-vos, sim, mas amo-vos muito pouco. Fazei vós mesmo, Jesus, que eu conheça a beleza e a bondade imensa que amo; fazei que meu coração expulse todos os afetos terreno e deixe todo o lugar só para vosso divino amor. Para ganhardes meu coração e vos unirdes todo a mim, desceis cada dia dos céus aos nossos altares; é, pois, justo que eu também não pense senão em vos amar, em vos adorar, em vos agradar. Amo-vos de toda a minha alma, amo-vos com todas as minhas forças. Se quereis recompensar-me por esse amor, dai-me ainda mais amor, mais ardor, para que eu cresça sem cessar em vosso amor e no desejo de vos agradar.

— Jesus, meu amor, dai-me mais amor. (VS)

Quisera dar-vos todo o amor

Meu único e infinito bem, vejo que instituístes este sacramento e residis neste altar para que eu vos ame, e para este fim é que me destes um coração capaz de vos amar muito. Mas, então, por que sou tão ingrato e não vos amo, ou vos amo tão pouco? Não, não é justo que seja pouco amada uma bondade tão amável como vós; ao menos, pelo amor que me tendes, mereceis ser amado de outro modo... Pouco é que eu morra por vós e por vós me consuma, pois por mim morrestes, ficastes no Santíssimo Sacramento por mim e cada dia vos sacrificais sobre os altares por meu amor. Vós mereceis um amor sem medida; e é sem medida que eu vos quero amar. Ajudai-me, meu Jesus, ajudai-me a amar-vos e a fazer o que vos agrada, e que tanto desejais de mim. — O meu amado Jesus é meu e eu sou dele. (VS)

Que vosso gosto seja o meu

Amo-vos ardentemente e por isso prefiro vossa vontade a todos os meus interesses e à minha própria satisfação. Toda a minha felicidade consiste em ser-vos agradável, meu Jesus, meu Deus, meu tudo. Inflamai meu coração em um grande desejo de estar continuamente diante de vós sacramentado, de receber-vos e de fazer-vos sempre companhia. Eu seria um ingrato se não aceitasse tão doce e amável convite. Senhor, destruí em mim todo o afeto às criaturas. Vós quereis, meu Criador, ser o único objeto dos meus suspiros, de todos os meus afetos; pois bem, amo-vos, bondade infinitamente amável do meu Deus, e não desejo senão a vós. Não procuro a minha satisfação, mas a vossa; basta que eu vos agrade. Aceitai, Jesus, o desejo de um pecador, que quer amar-vos. Ajudai-me com a vossa graça; fazei que, de miserável escravo do inferno, eu me converta de hoje em diante em feliz escravo de vosso amor.

— Jesus, meu supremo bem, eu vos amo sobre todos os bens. (VS)

ORAÇÕES A MARIA PARA CADA DIA DA SEMANA

DOMINGO

Oração a Maria para obter o perdão dos pecados

Mãe de Deus, aqui está a vossos pés um mísero pecador, escravo do inferno, que a vós recorre e em vós confia. Não mereço nem que olheis para mim. Sei, porém, que, ao ver vosso Filho morto, para salvar os pecadores, quereis muito ajudá-los. Mãe de misericórdia, olhai para minhas misérias e tende piedade de mim. Ouço que todos vos chamam de refúgio dos pecadores, esperança dos desesperados, ajuda dos abandonados.

Sois, então, meu refúgio, minha esperança, minha ajuda. Com vossa intercessão haveis de me salvar.

Socorrei-me por amor de Jesus; estendei a mão a um mísero caído, que a vós se recomenda. Sei que vosso consolo é ajudar um pecador quando o podeis fazer: ajudai-me agora que me podeis ajudar. Por meus pecados perdi a graça divina e minha alma. Agora entrego-me em vossas mãos; dizei-me que devo fazer para voltar à graça de Deus, e tudo hei de fazer. Ele me manda a vós para que me socorrais, e quer que eu recorra a vossa misericórdia, de tal modo que não apenas os méritos de vosso Filho, mas também vossas preces ajudem em minha salvação. A vós, pois, recorro: intercedestes por tantos outros, rogai a Jesus também por mim.

Dizei-lhe que me perdoe, e ele me perdoará; dizei-lhe que desejais minha salvação, e ele me salvará. Dai a conhecer o bem que sabeis fazer a quem em vós confia. Amém, assim espero, assim seja.

SEGUNDA-FEIRA

Oração a Maria para pedir a santa perseverança

Rainha do céu, eu que tenho sido mísero escravo de Lúcifer, agora me entrego como vosso servo, para sempre, e apresento-me para vos honrar e servir por toda a minha vida. Aceitai-me e não me rejeiteis como o mereceria. Minha mãe, em vós coloquei todas as minhas esperanças, e de vós espero todo bem. Bendigo a Deus e a ele agradeço porque, por sua misericórdia, deu-me essa confiança em vós, que considero grande garantia de minha salvação.

No passado, pobre de mim, cai porque não recorri a vós. Agora, pelos méritos de Jesus e por vossas preces, espero ser perdoado. Posso, porém, voltar a perder a graça divina; o perigo não passou e os inimigos não dormem. Quantas tentações ainda tenho de vencer!

Minha doce Senhora, protegei-me e não permitais que volte ainda a ser escravo. Ajudai-me sempre. Sei que me ajudareis e poderei

vencer se a vós me recomendo. Isso, porém, eu temo: que nas ocasiões de queda deixe de chamar por vós, e assim me perca.
Por isso esta graça vos peço: que, nos assaltos do inferno, sempre a vós recorra dizendo: Maria, ajudai-me; minha mãe, não permitais que eu perca a Deus.

TERÇA-FEIRA

Oração a Maria para obter uma boa morte

Maria, como será minha morte? Tremo e inquieto-me quando, tendo em conta meus pecados, penso nesse momento decisivo de minha salvação ou condenação eterna, quando morrer e for a julgamento.
Minha terna mãe, no sangue de Jesus e em vossa intercessão, está minha esperança. Consoladora dos aflitos, não me abandoneis nessa hora; não deixeis de me consolar nesse momento de tanta aflição. Se agora me atormentam o remorso dos pecados cometidos, a incerteza do perdão, o perigo de recair, o rigor da justiça divina, como será naquela hora? Se não me ajudardes, estarei perdido.

Senhora minha, antes que chegue a morte, obtende para mim uma grande dor de meus pecados, uma conversão verdadeira e fidelidade a Deus durante toda a vida que me resta. E, quando chegar ao extremo de minha vida, Maria minha esperança, ajudai-me naquelas angústias, em que estarei, e amparai-me para não desesperar, à vista de minhas culpas, de que o demônio me fará lembrar.
Alcançai para mim a graça de então vos invocar ainda mais, para morrer com vosso doce nome e o de vosso filho em meus lábios. Ou melhor, Senhora, perdoai minha ousadia, se vos peço que, antes do último alento, venhais consolar-me com vossa presença. Fizestes essa graça a tantos devotos vossos; também eu a quero e espero. Sou pecador, é fato, e não o mereço; mas sou vosso devoto e vos amo, e tenho imensa confiança em vós.
Maria, eu vos espero, não me deixeis sem essa consolação. Se não for digno de graça tão grande, pelo menos acompanhai-me lá do céu, para que saia desta vida amando a

Deus e a vós, para ir amar-vos eternamente no paraíso.

QUARTA-FEIRA

Oração a Maria para ficar livre do inferno

Minha caríssima Senhora, eu vos agradeço as muitas vezes que me livrastes do inferno, que tantas vezes mereci por meus pecados. Pobre de mim, houve tempo em que já estava condenado àquele cárcere, com sentença já executada quando de meu primeiro pecado, se por piedade não me tivésseis ajudado. Antes ainda que vos pedisse, por pura bondade retardastes a justiça divina. E, dobrando a dureza de meu coração, vós me atraístes a confiar em vós. E quantos outros delitos teria cometido, nos perigos pelos quais passei, se como mãe amorosa não me tivésseis protegido com as graças que conseguistes para mim. Minha Rainha, continuai a me livrar do inferno.

Se me condeno, de que me adiantariam vossa misericórdia e os favores que me tendes feito? Se houve tempo que não vos amei, agora depois de Deus eu vos amo acima de todas as coisas. Não permitais que ainda vos abandone e a Deus, que por vosso intermédio tantas misericórdias me tem feito.

Minha Senhora muito amável, não permitais que eu venha a vos odiar e amaldiçoar para sempre no inferno. Ireis permitir que seja condenado um servidor que vos ama? Maria, que me direis? Serei condenado? Sim, se vos abandono. Mas, quem terá coração para vos deixar? Quem poderia esquecer o amor que por mim mostrastes?

Minha Senhora, tendo feito tanto para me salvar, completai vossa obra, continuai a me ajudar. Quereis ajudar-me? Que ideia. Se quando vivia esquecido de vós tanto me ajudastes, quanto mais devo esperar agora que vos amo e a vós me recomendo? Não, não se perde quem se recomenda a vós; só se perde quem a vós não recorre.

Minha mãe, não me deixeis entregue a mim mesmo, porque me perderei; fazei que sempre recorra a vós. Salvai-me, minha esperança, salvai-me do inferno e do pecado que a ele pode condenar-me.

QUINTA-FEIRA

Oração a Maria para obter o paraíso

Rainha do paraíso, assentada acima de todos os anjos, a mais perto de Deus, deste vale de misérias eu vos saúdo, pobre pecador, e peço que volteis para mim vossos olhos misericordiosos, que difundem graças para onde olham. Vede, Maria, em quanto perigos eu me encontro e me encontrarei de perder minha alma, o paraíso e Deus enquanto viver nesta terra.

Em vós, Senhora, coloquei todas as minhas esperanças. Eu vos amo e anseio por logo vos ver e louvar no paraíso. Maria, quando virá o dia em que estarei salvo aos vossos pés, e poderei ver a mãe de meu Senhor e minha mãe, que tanto se empenhou por me salvar! Quando beijarei essas mãos, que tantas vezes me livraram do inferno e tantas graças concederam a mim, que, por minha culpa, merecia ser odiado e abandonado por todos?

Senhora, em minha vida tenho-vos sido muito ingrato; se, porém, chegar ao paraíso já não vos serei mal-agradecido. Ali hei de vos amar o quanto puder, minuto a minuto, por toda a eternidade, assim reparando minha falta ao vos bendizer agradecido para sempre. Agradeço muito a Deus, que me dá essa confiança no sangue de Jesus e em vós, certo que me haveis de salvar, livrar-me dos pecados, obtendo para mim luzes e força para fazer a vontade divina, levando-me finalmente ao porto do paraíso.

Tanto esperaram em vós, vossos servos, e nenhum se iludiu. Não, nem eu serei iludido. Maria, isso é tudo que preciso, e vós haveis de me salvar. Pedi ao vosso Filho Jesus, como lhe peço eu pelos méritos de sua paixão, que conserve e aumente sempre em mim essa confiança, e serei salvo.

SEXTA-FEIRA

Oração a Maria para obter o amor a ela e a Jesus Cristo

Maria, sei que sois a criatura mais nobre, mais sublime, mais pura, mais bela, mais bondosa, mais santa, a mais amável enfim de todas as criaturas. Ah, se todos vos conhecessem e vos amassem como mereceis. Consolo-me, porém, ao saber que tantas almas felizes vos amam no céu e na terra, e vivem enamoradas de vossa bondade e beleza. Acima de tudo me alegro porque o próprio Deus vos ama acima de todos os anjos e humanos.

Minha Rainha muito amada, eu miserável pecador ainda vos amo, mas vos amo muito pouco. Quero ter um amor maior e mais terno por vós, e isso haveis de me conseguir, porque amar-vos é um grande sinal de predestinação e graça, que Deus não concede senão àqueles que quer salvar.

Reconheço, minha mãe, que muito devo a vosso Filho, e que ele muito merece um amor infinito. Vós, que nada mais quereis que vê-lo amado, esta é a graça que acima de todas vos peço: obtende para mim um grande amor a Jesus. Obtendes de Deus tudo que desejais; consegui-me pois a graça de estar sempre tão unido à vontade divina, que dela jamais me separe. Não vos peço bens da terra, nem honras, nem riquezas; peço-vos o que mais deseja vosso coração: quero amar a meu Deus. Será possível que não queirais ajudar-me nesse meu desejo, que tanto vos agrada? Não, já me ajudais, já intercedeis por mim: orai, orai e jamais deixeis de orar, até me ver no paraíso, já sem perigo de perder o meu Senhor, seguro de amá-lo para sempre convosco, minha mãe muito amada.

SÁBADO

Oração a Maria para obter sua proteção

Minha mãe santíssima, vejo as graças que recebi por vossa intercessão, e vejo também quanto vos fui ingrato. E o ingrato não merece outros favores; nem por isso, porém, quero desconfiar de vossa misericórdia, que é maior que minha ingratidão. Minha grande advogada, tende piedade de mim. Sois a dispensadora de todas as graças que Deus concede a nós, por isso ele vos fez tão poderosa, tão rica e tão bondosa, para que nos socorrais em nossa miséria.

Mãe de misericórdia, não me abandoneis em minha pobreza. Sois a advogada dos réus mais miseráveis e abandonados que as vós recorrem: defendei-me ainda, a mim que a vós recorro. Não digais que minha causa é difícil, porque as causas mais desesperadas são vencidas quando por vós defendidas. Por isso a vossas mãos confio minha salvação eterna, e a vós entrego minha alma; estava perdida, mas havereis de salvá-la com vossa intercessão.

Quero estar inscrito entre vossos servos mais dedicados; não me rejeiteis. Andais à procura dos miseráveis para os reerguer, não abandoneis um pobre pecador que a vós recorrer. Falai em meu favor: vosso Filho faz tudo que lhe pedis. Tomai-me sob vossa proteção, e isso me basta. Sim, porque se me protegeis, de nada terei medo; não de meus pecados, porque me conseguireis remédio para o mal que me causei; nem dos demônios, porque sois mais poderosa do que todo o inferno; nem de meu juiz, Jesus Cristo, porque se aplaca diante de vossa súplica. Meu único medo é que, por meu descuido, deixe de me recomendar a vós, e assim me perca. Minha mãe, obtende para mim o perdão de todos os meus pecados, o amor a Jesus, a santa perseverança, uma boa morte e finalmente o paraíso. Especialmente obtende-me a graça de sempre recorrer a vós. É verdade que essas graças são muito grandes, e não as mereço; mas não são grandes demais para vós que sois tão amada de Deus, que por isso vos concede tudo que lhe pedis. Basta que abrais a boca, e ele nada vos nega. Portanto, rogai a Jesus por mim, dizei-lhe que sois minha protetora, e ele não deixará de ter piedade de mim. Minha mãe, em vós confio; e nessa esperança quero morrer. Amém. (OM)

CANTANDO AS GLÓRIAS DE MARIA

Consagração a Maria

Ó Mãe de meu Deus e Senhora minha, ó Maria, tal como se apresenta a uma excelsa soberana um pobre chagado e repugnante, apresento-me eu a vós, que sois a Rainha do céu e da terra. Rogo-vos, lá do alto trono, em que estais sentada, vos digneis volver os vossos olhos para este pobre pecador. Deus vos fez tão rica, a fim de socorrerdes aos pecadores; elegeu-vos Rainha para que pudésseis aliviar os miseráveis. Olhai, pois, para mim e compadecei-vos de minha miséria. Olhai-me e não me abandoneis enquanto de pecador não me tiverdes mudado em santo. Bem sei que nada mereço. Antes por minha ingratidão mereceria ser privado de todas as graças que do Senhor recebi por vosso intermédio. Mas vós, que sois Rainha de Misericórdia, buscais de preferência misérias e não méritos para socorrer os necessitados. Ora, quem há mais necessitado e miserável do que eu?

Ó Virgem excelsa, sei que sois Rainha do universo e minha Rainha também. Quero, porém, de um modo mais especial, consagrar-me ao vosso serviço, para que disponhais de mim segundo vosso beneplácito. Exclamo, pois, com S. Boaventura: Ó minha soberana, à vossa soberania me entrego, para que domineis conforme o vosso arbítrio sobre tudo quanto tenho e sou; não me abandoneis. Governai-me, dai-me vossas ordens, de mim disponde à vossa vontade. Castigai-me, até quando for desobediente, porque muito salutares me serão os vossos castigos. Considero maior ventura ser um vosso servo que ser senhor do universo. Sou vosso; salvai-me. Aceitai-me, ó Maria, como vosso servo e cuidai da minha salvação. Já não quero pertencer-me a mim mesmo; a vós me dou. E se mal até agora vos tenho servido, deixando de honrar-vos em tantas ocasiões, quero para o futuro associar-me a vossos mais devotados servos. Sim, ó amabilíssima Rainha, de hoje em diante, mais do que ninguém vos hei de amar e honrar. Assim o prometo e assim espero executá-lo com o vosso auxílio. Amém. (GM)

Humilde súplica a Maria

Como é possível, ó Maria, minha Mãe Santíssima, que, tendo uma Mãe tão santa, tenha eu sido tão mau? Uma Mãe que toda arde no amor para com Deus, e eu ame as criaturas? Uma Mãe tão rica de virtudes, e que delas seja eu tão pobre? Ó Mãe amabilíssima, já não mereço, é verdade, ser o vosso filho, porque de o ser me tenho feito indigno com as minhas culpas. Contento-me, pois, com que me aceiteis por vosso servo. Para ser o último de vossos servos, pronto estaria a renunciar a todos os reinos da terra. Sim, com este favor me contento. Entretanto, não me recuseis o de vos chamar também minha Mãe. Este nome consola-me, enternece-me, recorda-me o quanto sou obrigado a vos amar. Inspira-me também grande confiança em vós. Quando a lembrança dos meus pecados e da justiça divina me enche de terror, sinto-me reanimado ao pensar que sois minha Mãe. Permiti que vos chame minha Mãe, minha Mãe amabilíssima. Assim vos chamo e assim quero sempre chamar-vos.

Vós, depois de Deus, haveis de ser sempre a minha esperança, o meu refúgio e o meu amor neste vale de lágrimas. Assim espero morrer, entregando naquele último instante a minha alma nas vossas santas mãos, e dizendo: Minha Mãe, minha Mãe, ajudai-me e tende piedade de mim. Amém. (GM)

Para pedir o amor a Maria

Ó doce Soberana, vós, conforme a expressão de S. Boaventura, arrebatais os corações dos que vos servem, cumulando-os de vossa ternura e liberalidade. Eu vos suplico: arrebatai-me também o meu pobre coração que muito deseja amar-vos. Pela vossa beleza, ó minha Mãe, atraístes o vosso Deus, ao ponto de fazê-lo descer do céu à terra; e eu viverei sem vos amar? Não; antes vos digo com vosso amante filho João Berchmans: "Não me darei repouso, enquanto não tiver obtido amor terno e constante a vós, ó minha Mãe", que com tanta ternura me tendes amado, ainda quando eu não vos amava. E que seria de mim, se vós, ó Maria, não me tivésseis amado e alcançado tantas misericórdias? Se, pois, me amastes quando eu não a amava, que devo esperar da vossa bondade agora que vos amo? Sim, amo-vos, ó minha Mãe, e quisera ter um coração capaz de vos amar por todos os infelizes que não vos amam. Quisera ter uma língua capaz de louvar-vos por mil línguas, para fazer conhecer a todo mundo a vossa grandeza, a vossa santidade, a vossa misericórdia, e o amor com que amais os que vos amam. Se tivera riquezas, todas quisera empregar em vos honrar; se tivera súditos, todos quisera fossem cheios de amor para convosco; quisera enfim sacrificar pelo vosso amor e glória, se fosse mister, até a minha vida! – Amo-vos, pois, ó minha Mãe; mas ao mesmo tempo receio que vos não ame, porque ouço dizer que o amor faz os que amam semelhantes à pessoa amada. Devo então crer que bem pouco vos amo, vendo-me tão longe de parecer convosco. Vós sois tão pura, eu tão imundo! Vós tão humilde, eu tão soberbo! Vós tão santa, eu tão mau! Mas isto, ó Maria, é o que vós haveis de fazer: já que me tendes tanto amor, tornai-me semelhante a vós. Para mudar os corações, tendes todo o poder; tomai, pois, o meu e mudai-o. Conheça o mundo o que podeis em favor dos que amais. Tornai-me santo e fazei-me digno filho vosso. Assim espero, assim seja. (GM)

Maria, socorro do pecador

Mãe digníssima de meu Deus e Soberana minha, Maria, vendo-me tão desprezível e carregado de pecados, não devia ter a ousadia de chegar-me a vós e chamar-vos minha Mãe. Não quero, porém, que as minhas misérias me privem da consolação e da confiança que sinto, dando-vos este doce nome. Verdade é que mereço me rejeites, mas vos peço considereis o que fez e sofreu por mim o vosso Filho Jesus. Depois rejeitai-me, se o podeis. Sou miserável pecador, mais do que os outros ultrajei a majestade divina.

Ai! O mal está feito; a vós que o podeis remediar imploro agora: Vinde em meu socorro, ó minha Mãe. Não me allegueis que não vos é possível ajudar-me, porque sei que sois onipotente e do vosso Deus conseguis tudo quanto desejais. Se me respondeis que não quereis socorrer-me, dizei-me ao menos a quem me devo dirigir para ser consolado no excesso de minha angústia. Apadrinhando-me com S. Anselmo, ouso dizer a vós e a vosso divino Filho: Ou apiedai-vos de mim, dulcíssimo Redentor meu, perdoando-me, e vós, também, ó minha Mãe, intercedendo em meu favor; ou, mostrai-me a quem devo recorrer, que seja mais poderoso do que vós, e em quem eu possa confiar mais. Mas não; nem na terra, nem no céu posso achar quem tenha dos miseráveis mais compaixão que vós, ou quem melhor possa ajudar-me. Vós, Jesus, sois o meu Pai; e vós, Maria, sois a minha Mãe. Vós amais até aos mais miseráveis e ides à procura deles para salvá-lo. Eu sou um réu do inferno, o mais indigno de todos. Mas não é necessário ir à minha procura, nem eu pretendo que o façais. Apresento-me espontaneamente a vós, com esperança certa de que não me haveis de desamparar.

Aqui estou aos vossos pés, meu Jesus, perdoai-me. Maria, minha Mãe, socorrei-me. (GM)

Maria, refúgio nosso

Aqui está, ó Mãe de meu Deus, ó minha única esperança, aqui está a vossos pés um miserável pecador que implora a vossa compaixão. A Igreja toda e todos os fiéis vos proclamam o refúgio dos pecadores. Sois, portanto, o meu refúgio, a vós compete salvar-me. Bem sabeis quanto vosso Filho quer a nossa salvação. Sabeis quanto ele sofreu para salvar-me. Ó minha Mãe, apresento-vos os sofrimentos de Jesus: o frio que padeceu no presépio, os passos que deu na viagem ao Egito, suas fadigas, seus suores, o sangue que derramou, as dores que o fizeram expirar aos vossos olhos na Cruz. Mostrai quanto amais o vosso Filho, já que por seu amor é que imploro vosso auxílio. Estendei a mão a um desgraçado que, do fundo do abismo, vos implora a compaixão. Se eu fora santo, não vos pedira misericórdia; por ser, entretanto, pecador é que a vós recorro, Mãe de misericórdia. Não ignoro que vosso Coração compassivo sente consolo em socorrer os miseráveis, quando por sua obstinação não impedem vossos favores. Consolai, pois, hoje o vosso piedoso coração e consolai-me também; pois tendes ocasião de salvar-me, que sou um pobre merecedor do inferno, hoje que podeis valer-me porque não quero ser obstinado. Entrego-me em vossas mãos; dizei-me o que devo fazer, e obtende-me força para executá-lo. Eis-me resolvido a fazer tudo para receber a divina graça. Refugio-me sob vosso manto. Jesus quer que eu a vós recorra, a fim de que, para glória vossa e dele, não só o seu sangue, mas também os vossos rogos, me ajudem a salvar-me. Ele me manda para vós, para que me socorrais. Ó Maria, eis-me aqui, a vós recorro e em vós confio. Pedis por tantos outros, dizei também por mim uma palavra. Dizei a Deus que quereis a minha salvação, e Deus certamente me salvará. Dizei-lhe que sou vosso, e outra coisa não vos peço. (GM)

Maria, mãe de piedade

Ó Mãe de piedade, Virgem sacrossanta, eis a vossos pés o traidor, que em pagando com ingratidão as mercês, por vossa intercessão recebidas de Deus, tem sido infiel a vós e a ele. Mas, Senhora, vós bem sabeis que minha infidelidade não tira, antes aumenta minha confiança em vós. Pois vejo que minha miséria faz crescer vossa compaixão para comigo. Mostrai, pois, ó Maria, que sois cheia de liberalidade e de misericórdia para com este pecador, assim como o sois para com todos aqueles que vos invocam. Basta que me olheis e tenhais compaixão de mim. Se o vosso coração se compadecer, que posso eu temer? Não; não temo nada. Não temo os meus pecados, porque podeis remediar o mal que fiz. Não temo os demônios, porque vós sois mais poderosa que o inferno todo. Não; não temo vosso Filho, justamente irritado contra mim, porque uma só palavra vossa o aplacará. Só temo por minha negligência que me leve a deixar de recomendar-me a vós nas minhas tentações e por isso

me perca. Mas isto é o que hoje vos prometo, que quero recorrer sempre a vós. Ajudai-me a executá-lo. Vede que bela ocasião tendes de satisfazer o vosso desejo de socorrer um miserável, qual eu sou!
Ó Mãe de Deus, eu tenho uma grande confiança em vós. De vós espero a graça de chorar como devo os meus pecados! E de vós espero a fortaleza para não tornar a cair neles. Se eu estou enfermo, vós, ó auxílio celeste, podeis valer-me. Se minhas culpas me fizeram ser fraco, o vosso socorro me fará valente. Ó Maria, tudo espero de vós, porque podeis tudo junto de Deus. Amém. (GM)

Maria, amparo na morte

Ó minha Mãe suavíssima, qual será a morte de um pobre pecador como eu? Quando penso naquele terrível momento em que hei de expirar e comparecer ao tribunal divino, tremo e fico todo confuso, e muito duvido da minha salvação eterna, lembrando-me de que eu mesmo escrevi a sentença de minha condenação.

Ó Maria, no sangue de Jesus e na vossa intercessão ponho toda a minha esperança. Sois Rainha do céu, a Soberana do universo, numa palavra, sois Mãe de Deus. É verdade que sois muito elevada em dignidade; mas vossa grandeza não vos afasta de nós, senão que faz com que tenhais ainda mais compaixão de nossas misérias. Quando elevados a alguma dignidade, abandonam os amigos do mundo e desprezam seus antigos companheiros no infortúnio. Mas vosso coração tão amoroso não procede assim. Mas se empenha em aliviar, onde maiores misérias descobre. Assim que vos invocamos, vindes em nosso socorro: prevenis até nossas preces com vossos favores. Vós nos consolais nas aflições, dissipais as tempestades e venceis os inimigos. Em suma, nunca perdeis ensejo de trabalhar para nosso bem. Bendita seja para sempre aquela divina mão que em vós aliou a tanto amor tanta grandeza, tanta majestade e tanta ternura. Agradeço-o sem cessar ao Senhor e sobre isso me alegro. Pois em vossa felicidade encontro a minha também e considero minha a vossa ventura. Ó consoladora dos aflitos, consolai uma alma aflita que a vós se recomenda. Aflito estou por causa dos remorsos de uma consciência tão sobrecarregada de pecados.

Não sei se os tenho chorado como devia. Vejo todas as minhas obras cheias de defeitos e manchas. O inferno só espera por minha morte para acusar-me; a justiça divina ultrajada quer ser satisfeita. Que será de mim, minha Mãe? Se não me ajudardes, estou perdido. Que dizeis, quereis ajudar-me? Ó Virgem piedosa, consolai-me; obtende-me verdadeiro arrependimento de meus pecados, alcançai-me força para emendar-me e ser fiel a Deus nos dias que ainda me restam. E quando eu me achar nas ânsias da morte, ó Maria, esperança minha, não me abandoneis. Então, fortalecei-me mais do que nunca e assisti-me para que, à vista de meus pecados relembrados pelo demônio, eu não me entregue ao desespero. Ó Senhora minha, escusai tanta ousadia: vinde vós mesma consolar-me com a vossa presença. A tantos outros já tendes feito semelhante graça. Fazei-a também a mim. Se grande é minha ousadia, ainda maior é vossa bondade, que anda procurando os infelizes para os consolar. É nesta que eu ponho minha esperança. Seja vossa eterna glória o haverdes salvo do inferno e conduzido ao vosso reino um pobre condenado. Lá espero depois consolar-me, estando sempre aos vossos pés, dando-vos graça, louvando-vos e amando-vos eternamente. Ó Maria, eu espero em vós; não me deixeis ficar desconsolado. Assim seja, assim seja. Amém. (GM)

Mãe do santo amor

Ó Mãe do santo amor, ó vida, refúgio e esperança nossa! Bem sabeis que vosso Filho Jesus Cristo, não contente de constituir-se nosso perpétuo advogado junto ao Eterno Pai, quis ainda que vos empenhásseis junto a ele para impetrar as divinas misericórdias. Ele dispôs que as vossas orações concorressem para nossa salvação, e deu-lhes tanto poder, que alcançam quanto pedem. Eu, miserável pecador, para vós me volto, ó esperança dos miseráveis. Espero, ó Senhora minha, que, pelos merecimentos de Jesus Cristo e pela vossa intercessão, me hei de salvar. Assim espero e confio tanto que, se a minha salvação eterna estivesse na minha mão, certamente eu a poria na vossa. Pois mais confio em vossa misericórdia e proteção, que em todas as minhas obras. Mãe e esperança minha, não me desampareis como eu mereço; olhai para as minhas misérias e movei-vos à piedade, socorrei-me e salvai-me. Confesso que com meus pecados tenho muitas vezes posto obstáculo às luzes e aos socorros que me tendes alcançado do Senhor. Porém vossa piedade para com os miseráveis e vosso poder junto a Deus excedem o número e a malícia de todos os meus pecados. É patente ao céu e à terra que quem é de vós protegido certamente não se perde. Esqueçam-me, pois, todas as criaturas, vós, porém, não me esqueçais, ó Mãe de Deus onipotente. Dizei a Deus que eu sou vosso servo; dizei-lhe que vós me protegeis, e serei salvo. Ó Maria, tenho confiança em vós; nesta esperança vivo, e nela quero e espero morrer, dizendo sempre: Minha única esperança é Jesus e depois de Jesus, Maria. (GM)

Mãe de coração bondoso

Venero, ó Santíssima Virgem Maria, o vosso puríssimo Coração, delícia e repouso de Deus. Coração todo cheio de humildade, de pureza e de amor divino. Infeliz pecador, venho a vós com o coração todo manchado e chagado. Ó Mãe de piedade, não me desprezeis por me verdes assim, mas redobrai de compaixão e socorrei-me. Não busqueis em mim para ajudar-me nem virtude, nem méritos. Estou perdido e só mereço o inferno. Peço-vos que só olheis para a confiança que tenho em vós e para o propósito em que estou de emendar-me. Diante de vossos olhos coloco o quanto Jesus fez e padeceu por mim. Abandonai-me, se fordes capaz.

Apresento-vos todos os sofrimentos de sua vida, o frio que padeceu no presépio, a sua fuga para o Egito, o sangue que derramou, a pobreza, os suores, a tristeza, a morte que suportou por meu amor, estando vós presente. E por amor de Jesus empenhai-vos em salvar-me. Ah! Minha Mãe, não quero nem posso recear ser repelido, agora que recorro a vós e vos peço que me ajudeis. Se isto temesse, faria injúria a vossa misericórdia, que anda buscando miseráveis para os socorrer. Senhora, não recuseis vossa piedade àquele a quem Jesus não recusou seu sangue. Mas os merecimentos deste sangue não me serão aplicados, se não me recomendardes a Deus. De vós, pois, espero a minha salvação. E não vos peço riquezas, honras, nem outros bens da terra; peço-vos a graça de Deus, o amor para com vosso Filho, o cumprimento de sua vontade, e o paraíso para amá-lo eternamente. Será possível que não me ouçais? Não; vós já me entendestes, assim espero. Já me procurastes a graça que pretendo. Já me tomastes sob vossa proteção. Minha mãe, não me deixeis; continuai a rogar por mim até me verdes salvo no céu, para louvar e render-vos as devidas graças eternamente. Amém. (GM)

Rainha dos anjos, esperança dos homens

Ó Mãe de Deus, Rainha dos anjos, esperança dos homens, escutai a quem vos chama e a vós recorre. Prostrado hoje aos vossos pés, consagro-me para sempre a vós na qualidade de servo, e me obrigo a vos servir e honrar quanto posso durante o resto de minha vida. Pouco honrada sois, bem o sei, pela homenagem de um escravo tão vil e rebelde como eu, que tanto tenho ofendido a Jesus, vosso Filho e meu Redentor. Mas, se, apesar de minha indignidade, me recebeis como servo e me tornais digno pela vossa intercessão, este ato mesmo de misericórdia vos granjeará a honra que um miserável como eu vos não poderia dar.

Aceitai-me, pois, e não me rejeitais, ó minha Mãe. Para buscar as ovelhas perdidas é que o Verbo eterno desceu do céu; para salvá-las é que ele se fez vosso Filho. E seríeis capaz de repelir uma ovelhinha que a vós recorre para achar a Jesus? Pago já o preço da minha salvação; meu Salvador já derramou por mim o seu divino sangue, o qual bastaria para salvar milhares de mundos. Só resta aplicar-me os merecimentos dele, e isto de vós depende. Virgem bendita, vós podeis, diz S. Bernardo, dispensar a quem vos apraz os merecimentos deste sangue. Podeis salvar a quem quereis, nô-lo afirma S. Boaventura; salvai-me, ó Soberana minha. Entrego-vos, neste instante, toda a minha alma; tratai de salvá-la. Ó salvação dos que vos invocam, direi, terminando, com o mesmo Santo, salvai-me! (GM)

Maria, única esperança do pecador

Aqui está aos vossos pés, Mãe de meu Deus e minha única esperança, um miserável pecador que tantas vezes por suas culpas se tem tornado escravo do inferno. Reconheço que de mim triunfou o demônio, porque não recorri, ó meu refúgio, ao vosso auxílio. Se eu vos tivesse chamado sempre em meu socorro, se vos houvesse invocado, jamais teria perecido. Eu espero, amabilíssima Senhora, por vossa intercessão ter já saído das mãos do demônio e ter obtido de Deus o perdão. Receio, entretanto, vir para o futuro a cair novamente em pecado. Sei que meus inimigos não perderam a esperança de tornar-me a vencer e me estão preparando novos assaltos e tentações. Ah! minha Rainha e meu refúgio, ajudai-me; tomai-me sob vosso manto e nunca permitais que eu torne a ser presa do inferno. Sei que sempre me haveis de valer e dar vitórias todas as vezes que vos invocar. Temo, contudo, que nas tentações me esqueça de chamar-vos em meu socorro. Eis, portanto, a graça que vos imploro e de vós espero, ó virgem Santíssima. Fazei que sempre vos tenha presente à memória, especialmente nas lutas contra as tentações. Ajudai-me para que então vos diga muitas vezes: Maria, valei-me, valei-me, ó Maria. E quando chegar finalmente o dia de minha última luta com o inferno, na hora da morte, assisti-me então, ó minha Rainha, de modo especial. Fazei vós mesma que eu me lembre de invocar-vos sem cessar, com a boca ou com o coração, para que, expirando com vosso dulcíssimo nome e o de vosso Filho

Jesus nos lábios, possa ir vos bendizer e louvar, e nunca mais separar-me de vossos pés, por toda a eternidade no paraíso. Amém. (GM)

Maria, minha bela esperança

Vê, ó minha alma, que bela esperança de salvação e de vida eterna te dá o Senhor. Em sua grande misericórdia ele te encheu de confiança no patrocínio de sua Mãe, embora tenhas, por teus pecados, tantas vezes merecido a reprovação e o inferno. Agradece, pois, a teu Deus e a Maria, tua protetora, que já se dignou tomar-te sob seu manto, como já o atestam as inúmeras graças que por seu intermédio tens recebido. Sim, eu vos agradeço, ó minha Mãe amorosíssima, todo o bem que me tendes feito, a mim, pobre infeliz que mereci o inferno. Ó minha Rainha, de quantos perigos me haveis livrado! Quantas luzes e quantas misericórdias me tendes obtido de Deus! Que grande bem ou que grande honra de mim recebestes, para que tanto vos empenheis em fazer-me benefícios? A tanto vos moveu unicamente a vossa bondade. Ah! Nem que eu sacrificasse por vós o sangue e a vida, nada seria em comparação ao que vos devo, já que vós me livrastes da morte eterna. Vós me fizestes, como eu espero, recobrar a graça divina; a vós, em suma, eu devo toda a minha sorte. Ó Senhora minha amabilíssima, miserável como sou, de outro modo não posso retribuir vossos benefícios, senão com meus louvores e com meu amor. Eia, não desdenheis aceitar a oferta de um pobre pecador tocado por vossa bondade. Se meu coração é indigno de amar-vos por estar manchado e cheio de apegos terrenos, a vós compete mudá-lo. Mudai-o, pois. Uni-me a meu Deus, ligai-me de tal modo que nunca mais me possa separar de seu amor. Vós desejais que eu ame vosso Deus e isto também eu quero de Vós; obtende-me a graça de amá-lo e amá-lo para sempre e nada mais quero. Amém. (GM)

Rainha e Mãe de misericórdia

Ó Rainha e Mãe de misericórdia, que concedeis as graças a todos aqueles que vos invocam, com tanta liberalidade porque sois Rainha, e com tanto amor porque sois nossa Mãe amantíssima; a vós hoje me encomendo, eu, tão pobre de merecimentos como carregado de dívidas para com a divina justiça. Em vossas mãos, ó Maria, está a chave das misericórdias divinas. Não olvideis a minha penúria e não me abandoneis em minha pobreza. Sois tão liberal com todos, e acostumada a dar mais do que vos pedem. Mostrai a mesma liberalidade em meu favor! Protegei-me, Senhora minha; eis o que vos peço. Nada receio se me protegeis. Não temo os demônios, porque vós sois mais poderosa que todo o inferno; não temo os meus pecados, porque vós, com uma só palavra que faleis a Deus, podeis alcançar-me o perdão de todos eles. Tendo eu o vosso favor, não temo nem mesmo a cólera de Deus; pois basta uma súplica vossa para aplacá-lo. Enfim, se me protegeis, espero tudo, pois que tudo vós podeis. Ó Mãe de Misericórdia, eu sei que tendes prazer e vos gloriais em ajudar os pecadores mais miseráveis, e que os podeis ajudar, contanto que não sejam obstinados. Eu sou pecador, mas não sou obstinado; quero mudar de vida. Podeis, pois, ajudar-me; velai-me e salvai-me. Ponho-me hoje nas vossas mãos. Dizei-me o que hei de fazer para dar gosto a Deus, que eu o quero fazer; e espero fazê-lo com vosso socorro, ó Maria, minha Mãe, minha luz, minha consolação, meu refúgio, minha esperança. (GM)

Maria, advogada nossa

Falai, ó minha Senhora – dir-vos-ei com S. Bernardo – falai, porque vosso divino Filho vos escuta, e tudo o que lhe pedirdes vô-lo concederá. Ó Maria, advogada nossa, falai então em favor dos miseráveis pecadores. Lembrai-vos de que é para nossa felicidade também que recebestes de Deus tão grande poder e dignidade. Se um Deus se dignou fazer-se vosso devedor pela natureza humana que de vós assumiu, é para que possais a vosso grado dispensar aos miseráveis os tesouros da divina misericórdia. Vossos servos somos dedicados de modo especial a vosso serviço e nos gloriamos de viver sob vossa proteção. Se fazeis bem a todos os homens, ainda aos que não vos conhecem ou honram, e até aos que vos ultrajam e blasfemam, que não devemos esperar de vossa benignidade que busca os miseráveis para os socorrer, nós que vos honramos, amamos e confiamos em vós?

Grandes pecadores nós somos, porém Deus vos deu misericórdia e poder que ultrapassam nossas iniquidades. Quereis e podeis salvar-nos; e nós tanto mais queremos esperar nossa salvação, quanto mais indignos dela somos, para mais vos glorificar no céu, quando lá entrarmos por vossa intercessão.

Ó Mãe de Misericórdia, nós vos apresentamos nossas almas, outrora aformoseadas e lavadas pelo sangue de Jesus Cristo, mas depois enegrecidas pelo pecado. Nós vô-las oferecemos; purificai-as. Alcançai-nos uma sincera conversão, o amor de Deus, a perseverança, o paraíso. Grandes favores vos pedimos; mas não podeis obter tudo? Seria muito para o amor que Deus vos tem?

Bastante vos é abrir a boca e implorar vosso Filho: ele nada vos recusa. Rogai, pois, ó Maria, rogai por nós; intercedei por nós e sereis atendida e nós seremos salvos com certeza. (GM)

Maria, mãe de meu Senhor

Ó grande Mãe de meu Senhor, sei que a ingratidão, que há anos tenho usado com Deus e convosco, justamente merecia que deixásseis de ter cuidado de mim; porque o ingrato é indigno de benefícios. Mas tenho, Senhora, em grande conceito vossa bondade; estou certo que ela é muito maior que a minha grande ingratidão. Continuai, pois, ó refúgio dos pecadores, e não deixeis de socorrer um miserável, que em vós confia. Ó Mãe de Misericórdia, dai a mão a um pobre caído, que recorre à vossa piedade, a fim de se poder levantar. Ó Maria, ou defendei-me ou dizei-me quem melhor que vós me possa defender. Mas onde posso eu achar uma advogada junto a Deus mais compadecida, ou mais poderosa do que vós, que sois sua Mãe? Como Mãe do Salvador, nascestes para salvar os pecadores e a mim fostes dada para minha salvação. Ó Maria, salvai quem a vós recorre. Eu não mereço o vosso amor; mas o desejo que tendes de salvar os perdidos me faz esperá-lo. E amando-me vós, como me perderei? Ó minha Mãe muito amada, se por vossa intercessão me salvo, como espero, nunca mais vos serei ingrato. Compensarei com louvores perpétuos e com todos os afetos da minha alma o meu passado esquecimento e o amor com que me tendes amado. No céu, onde vós reinais, e reinais eternamente, sempre cantarei as vossas misericórdias, e beijarei sempre aquelas vossas amorosas mãos, que tantas vezes me têm livrado do inferno, quantas eu o tenho merecido com os meus pecados. Ó Maria, minha libertadora, ó minha esperança, ó Rainha, ó advogada, ó minha Mãe, eu vos amo, eu vos quero muito e sempre vos quero amar. Amém. Assim o espero, assim seja. (GM)

Maria, minha medianeira

É, pois, vosso ofício, ó minha dulcíssima Senhora, conforme as palavras de Guilherme de Paris, ser medianeira entre Deus e os pecadores. Exercei vosso ofício em meu favor, pedir-vos-ei com S. Tomás de Vilanova. Não digais que minha causa é muito difícil de ganhar, porque sei que todos me afirmam que nenhuma causa defendida por vós se perdeu, por mais impossível que parecesse o seu vencimento. E perder-se-á a minha? Não, isto não temo eu. Só deveria temer que não procurásseis defender-me, se olhasse somente para a multidão de meus pecados. Considerando, porém, vossa imensa misericórdia e o sumo desejo que reina em vosso dulcíssimo coração de socorrer os mais degredados pecadores, nem mesmo esse receio posso ter. Quem se perdeu jamais, tendo implorado vosso auxílio? Chamo-vos, pois, em meu socorro, ó minha grande advogada, meu refúgio, minha esperança, ó minha Mãe Maria Santíssima! Em vossas mãos entrego a causa de minha eterna salvação e deposito a minha alma. Ela estava perdida, mas haveis de salvá-la. Muitas graças dou sempre ao meu Senhor, que me dá essa grande confiança em vós; ela me assegura da minha salvação, apesar da minha indignidade. Só me resta um temor que muito me aflige, ó minha amada Rainha: é de vir eu a perder um dia, por negligência de minha parte, esta confiança em vós. Rogo-vos, portanto, ó Maria, pelo amor que tendes ao vosso Jesus, conservai e cada vez mais aumentai em mim esta dulcíssima confiança em vossa intercessão. Por ela espero recuperar certamente a divina amizade, por mim tão loucamente desprezada e perdida. E recuperando-a espero finalmente pelos vossos rogos ir um dia render-vos por tudo as graças no paraíso, e ali cantar as misericórdias do Senhor e as vossas por toda a eternidade. Amém. Assim o espero, assim seja. (GM)

Maria, a mais santa das criaturas

Ó Virgem sacrossanta, entre todas as criaturas a maior e a mais sublime, eu vos saúdo, aqui, deste vale de lágrimas. Infeliz e miserável rebelde que sou, mereço castigos e não favores, justiça e não misericórdia. Senhora, eu não digo isto, porque desconfie da vossa piedade. Eu sei que vos gloriais de ser benigna em proporção de vossa grandeza. Sei que vos alegrais de vossas riquezas, por fazê-las partilhar aos pecadores. Sei que quanto mais necessitados são os que a vós recorrem, tanto mais vos empenhais em protegê-los e salvá-los. Ó minha Mãe, sois aquela que um dia chorastes vosso Filho morto por mim. Oferecei, vos rogo, as vossas lágrimas a Deus, e por elas alcançai uma dor verdadeira dos meus pecados. Tanto vos afligiram os pecadores, tanto vos estou eu ainda afligindo com minhas iniquidades.

Obtende-me, ó Maria, que ao menos, de hoje em diante, não continue a afligir a vosso Filho e a vós com minhas ingratidões. E de que me teriam servido vossas lágrimas, se eu continuasse a ser ingrato? De que me valeria a vossa misericórdia, se novamente vos fosse infiel e me condenasse? Não; minha Rainha, não o permitais. Vós tendes suprido todas as minhas faltas. Vós alcançais de Deus tudo o que quereis. Sois sempre propícia a quem vos invoca. Peço-vos, pois, estas duas graças que espero e quero de vós; obtende-me que seja fiel a Deus, não o ofendendo mais; e que o ame todo o resto de minha vida, tanto quanto o tenho ofendido. (GM)

Maria, mãe querida

Ó Maria, ó Mãe caríssima, em que abismo de males me havia de achar, se não me tivésseis salvado tantas vezes com vossas mãos piedosíssimas? Há quantos anos estaria no inferno, se vossa poderosa intercessão dele não me houvesse preservado? Para lá me impeliram meus gravíssimos pecados; a justiça divina já me havia condenado; os demônios bramiam, procurando executar a sentença. Vós, porém, correstes sem eu vos chamar, ó Mãe; sem vô-lo pedir, me salvastes.

Ó minha querida libertadora, que vos darei eu por tantas graças e por tanto amor? Vencestes a dureza de meu coração e me levastes a amar-vos e a confiar em vós. Ai! Em que abismo de males teria caído mais tarde, se com vossa mão piedosa não me tivésseis auxiliado tantas vezes nos perigos em que tenho estado próximo a cair! Continuai a livrar-me do inferno e primeiramente do pecado que para lá me pode levar. Não permitais que haja de amaldiçoar-vos no inferno. Ó Senhora minha diletíssima, eu vos amo. Será possível que vossa bondade sofra que um servo vosso, que vos ama, seja condenado? Ah! Obtende-me a graça de não ser mais ingrato para convosco, nem para com meu Deus, que por amor vosso tantas graças me tem dispensado. Ó Maria, que dizeis? Será possível que eu venha a me condenar? Condenar-me-ei se vos abandonar. Mas como terei jamais a presunção de abandonar-vos? Como poderei esquecer vosso amor para comigo? Sois, depois de Deus, o amor de minha alma. Eu não quero viver mais sem amar-vos. Eu hei de vos querer bem, eu vos amo e espero que sempre vos hei de amar, no tempo e na eternidade, ó criatura a mais bela, a mais santa, a mais doce, a mais amável deste mundo. Amém! (GM)

Rainha do céu e da terra

Ó Rainha do céu e da terra, ó Mãe do Senhor do mundo, ó Maria, criatura a mais sublime, a mais excelsa, a mais amável, é verdade que na terra muitos não vos amam e não vos conhecem. Mas no céu são inumeráveis os milhões de anjos e de bem-aventurados que vos amam e vos louvam continuamente. Mesmo nesta terra, quantas almas felizes há que ardem em amor por vós, e vivem enamoradas de vossa bondade! Ah! Se eu também vos amasse, ó Senhora minha amabilíssima. Oh! Se estivesse sempre pensando em servir-vos, em louvar-vos, em honrar-vos, e em trabalhar por ver-vos honrada por todos! Vós agradastes tanto a Deus, com vossa beleza, que o arrancastes, digamos assim, do seio do Eterno Pai, trazendo-o à terra para fazer-se homem e Filho vosso. E eu, miserável verme, é que não me havia de enamorar de vós? Não, minha Mãe dulcíssima, quero amar-vos, amar-vos muito e fazer todo o possível para ver-vos amada por todos. Aceitai, pois, ó Maria, o desejo que tenho de amar-vos, e vinde em meu socorro para que o possa pôr em prática. Sei que Deus olha com agrado para os que vos amam. Depois de sua glória, ele nada deseja mais do que a vossa; ele quer ver-vos honrada e amada em todos os corações. De vós, Senhora, espero a minha fortuna espiritual: obtende-me o perdão de todos os meus pecados, a santa perseverança; vinde assistir-me na hora da morte, livrar-me do purgatório, e finalmente fazei-me entrar no paraíso. Eis o que de vós espero, eu que vos amo com todo o afeto, e sobre todas as coisas depois de Deus. (GM)

Maria, Rainha do paraíso

Ó Rainha do paraíso, Mãe do santo amor, sois entre todas as criaturas a mais amável, a mais amada por Deus e aquela que mais o ama. Consenti que também vos ame um pecador, que é o mais ingrato e miserável dos que vivem na terra. Por vosso intermédio, vejo-me livre do inferno e sem mérito algum de tal modo cumulado de benefícios por vós, que agora me sinto todo enamorado de vós.

Quereria, se pudesse, fazer saber a todos quantos vos não conhecem quão digna sois de ser amada, para que todos vos conhecessem, e amassem. Quereria também morrer por vosso amor, em defesa de vossa virgindade, de vossa dignidade de Mãe de Deus, de vossa Imaculada Conceição, se fosse preciso dar a vida para defender essas vossas sublimes prerrogativas.

Ah! Mãe diletíssima, aceitai meu afeto e não permitais que um vosso servo, que vos ama, venha a ser inimigo de vosso Deus, a quem tanto amais. Ai de mim! que tal já fui, quando ofendi a meu Senhor. Mas então, ó Maria, eu não vos amava, nem buscava vosso amor. Agora, porém, nada mais desejo, depois da graça de Deus, que amar a minha Rainha e ser honrado com seu amor. Minhas culpas passadas não me fazem perder a confiança, pois sei que vos dignais amar, é benigníssi-

ma e gratíssima Senhora, até os mais miseráveis pecadores que vos amam, e sei também que por ninguém vos deixais vencer em amor.
Ah! Rainha amabilíssima, quero ir amar-vos no céu. Aí, prostrado a vossos pés, melhor conhecerei como sois amável e quanto tendes feitos para minha eterna bem-aventurança. Por isso então muito mais vos hei de amar, sem receio de deixar de o fazer algum dia. Ó Maria, tenho a esperança de salvar-me por vosso auxílio. Rogai a Jesus por mim. Nada mais vos peço. A vós compete salvar-me: sois minha esperança. Quero, portanto, cantar sempre: Ó Maria, esperança minha, por vós verei a Deus um dia. (GM)

Mãe de todas as virtudes

Ó Mãe misericordiosa, sois tão clemente e tendes imenso desejo de proteger os miseráveis e atender-lhes os pedidos! Venho, por isso, a vós neste dia, eu que sou o mais indigno de todos os homens e imploro vosso auxílio. Atendei aos meus rogos! Peçam-vos outros, se quiserem, saúde do corpo, prosperidade e grandeza da terra. Quanto a mim, venho pedir-vos, Senhora, justamente aquilo que desejais de mim, aquilo que é mais conforme e mais grato ao vosso Santíssimo Coração. Sois tão humilde, impetrai-me, pois, a humildade e o amor dos desprezos. Fostes tão paciente nos trabalhos desta vida, impetrai-me a paciência na adversidade; fostes tão cheia de amor de Deus, impetrai-me o dom do santo e puro amor; fostes toda a caridade para com o próximo, impetrai-me a caridade para com todos, particularmente para com o inimigo; fostes totalmente unida à divina vontade, impetrai-me a total conformidade a todas as disposições de Deus a meu respeito. Sois, em suma, a mais santa de todas as criaturas, ó Maria, tornai-me santo. Amor não vos falta; podeis tudo e quereis alcançar-me todas as graças. A única coisa que me pode impedir de receber vossos favores é, ou a negligência em recorrer a vós, ou a falta de confiança em vossa intercessão. Impetrai-me, pois, vós mesma a constância em invocar-vos e a confiança em vosso poder. De vós espero essas duas graças supremas; de vós imploro e conto recebê-las confiadamente, ó Maria, minha Mãe, minha esperança, meu amor, minha vida, meu refúgio, minha força e minha consolação. Amém. (GM)

Maria, mãe de Deus e minha mãe

Grande Mãe de Deus e minha Mãe, ó Maria, é verdade que eu não sou digno de proferir vosso nome; mas vós, que me tendes amor e desejais minha salvação, concedei-me, apesar de minha indignidade, a graça de invocar sempre em meu socorro vosso amantíssimo e poderosíssimo nome. Pois é ele o auxílio de quem vive e salvação de quem morre. Ah! puríssima e dulcíssima Virgem Maria, fazei que seja vosso nome de hoje em diante o alento de minha vida. Senhora, não tardeis a socorrer-me quando vos invocar. Pois, em todas as tentações que me assaltarem, em todas as necessidades que me ocorrerem, não quero deixar de chamar-vos em meu socorro, repetindo sempre: Maria,

Maria! Assim espero fazer durante a vida, assim espero fazer particularmente na hora da morte, para ir depois louvar eternamente no céu vosso querido nome, ó clemente, ó piedosa, ó doce Virgem Maria.

Ó Maria amabilíssima, que conforto, que suavidade, que confiança, que ternura experimenta a alma só com nomear-vos, só com pensar em vós! Dou graças ao meu Deus e Senhor, porque vos deu, para meu bem e minha utilidade, esse nome tão doce, tão amável e tão poderoso.

Mas, Senhora, não me contento só com proferir vosso nome. Quero proferi-lo com amor; quero que vosso amor me leve a invocar-vos a todo instante, para que eu possa exclamar com S. Anselmo: Ó nome da Mãe de Deus, tu és o meu amor.

Ó minha querida Maria, ó meu amado Jesus, fazei que vivam sempre em meu coração, e no de todos, os vossos dulcíssimos nomes. Todos os mais se apaguem de minha memória, para que ela só se recorde e só invoque vossos nomes venerados.

Ó Jesus, meu Redentor, ó Maria, minha Mãe, quando chegar meu último momento, quando minha alma tiver de sair desta vida, ah! Concedei-me, por vossos merecimentos, esta graça tão grande: que minhas últimas palavras sejam: Eu vos amo, Jesus e Maria! Jesus e Maria, eu vos dou meu coração e minha alma! (GM)

Oração a Nossa Senhora para obter uma boa morte

Ó Maria, doce refúgio dos pobres pecadores, quando soar para minha alma a hora de sair deste mundo, vinde em meu socorro com vossa misericórdia, ó Mãe cheia de doçura. Fazei-o pelas dores que sentistes ao pé da cruz na qual morria vosso Filho. Afastai então de mim o infernal inimigo, e vinde receber minha alma e apresentá-la ao eterno Juiz.

Ó minha Rainha, não me desampareis. Vós haveis de ser, depois de Jesus, meu conforto neste terrível momento. Obtende-me da bondade de vosso Filho a graça de morrer eu abraçado a vossos pés e de exalar minha alma dentro de suas sacratíssimas chagas, dizendo: Jesus e Maria, eu vos dou o meu coração e a minha alma. (GM)

Aceitação da morte

Meu Deus, sendo certa minha morte, e não sabendo quando será, quero desde agora preparar-me para ela. Por isso declaro crer tudo que crê a Santa Igreja, especialmente o mistério da Santíssima Trindade, a Encarnação e Morte de Jesus Cristo, o paraíso e o inferno, porque vós o revelastes, vós que sois a própria verdade.

Mereço mil infernos, mas espero de vossa piedade, pelos méritos de Jesus Cristo, o perdão, a perseverança final e a glória do paraíso.

Declaro que vos amo sobre todas as coisas, porque sois um bem infinito. E, porque vos amo, arrependo-me, acima de todos os males, das ofensas que vos tenho feito, e proponho-me antes morrer que vos ofender.

Peço que me tireis a vida antes que permitir que vos perca por mais um pecado.

Meu Jesus, eu vos agradeço todos os vossos sofrimentos por mim, e todas as misericórdias que mostrastes por mim, depois de eu vos ter ofendido.

Meu amado Senhor, alegro-me com vossa infinita felicidade. Minha felicidade é que sois amado por tantos no céu e na terra. Gostaria que todos vos conhecessem e amassem. Meu Jesus, declaro que, por vosso amor, perdoo a qualquer pessoa que me tenha ofendido, e peço que lhe façais todo bem.

Declaro que desejo, na vida e na morte, os santos sacramentos; quero a absolvição de minhas culpas, mesmo se em ponto de morte não puder manifestar esse desejo.

Aceito minha morte e todas as dores que a acompanharem, em união com a morte e as dores de Jesus na cruz. Aceito, meu Deus, todos os sofrimentos e tribulações que antes da morte me vierem de vossa mão. Fazei de mim e de todas as minhas coisas o que quiserdes. Dai-me vosso amor e a santa perseverança, e nada mais vos peço.

Maria, minha Mãe, ficai sempre a meu lado, mas especialmente em minha morte. Até lá, ajudai-me a me conservar na graça de Deus. Sois vós minha esperança. Sob vosso manto quero viver e morrer. São José, São Miguel Arcanjo, meu Anjo da Guarda, socorrei-me sempre, mais ainda na hora de minha morte. E vós, meu caro Jesus, vós que, para me obter uma boa morte, quisestes ter uma morte tão amarga, não me abandoneis então. A partir de agora me abraço a vós, para morrer em vossos braços. Mereço o inferno, mas me abandono a vossa misericórdia, esperando por vosso sangue morrer em vossa amizade e receber vossa bênção, quando estiver diante de vós como meu juiz. A vossas mãos, chagadas por amor de mim, entrego minha alma. De vós espero não ser condenado ao inferno. "Em ti, Senhor, esperei, que eu não seja condenado para sempre". Ajudai-me sempre, especialmente em minha morte. Fazei que eu dê o último suspiro amando-vos, de maneira que meu último alento seja um ato de amor, que me leve desta terra para vos amar eternamente no paraíso. Jesus, José e Maria, acompanhai-me na agonia. Jesus, José e Maria, a vós me entrego; naquela hora recebei minha alma. (AC)

ÍNDICE

Este livro foi composto com as famílias tipográficas Cinzel
e Palatino Linotype e impresso em papel Avena 70g/m^2
pela **Gráfica Santuário.**